U0515029

A STUDY ON THE DISTRIBUTION OF
CHINESE RESIDENTS' INCOME

河南大学经济学学术文库

中国居民收入分配问题研究

张晓芳 著

社会科学文献出版社
SOCIAL SCIENCES ACADEMIC PRESS (CHINA)

河南大学经济学科自 1927 年诞生以来，至今已有近 90 年的历史了。一代一代的经济学人在此耕耘、收获。中共早期领导人之一的罗章龙、著名经济学家关梦觉等都在此留下了足迹。

新中国成立前夕，曾留学日本的著名老一辈《资本论》研究专家周守正教授从香港辗转来到河南大学，成为新中国河南大学经济学科发展的奠基人。1978 年我国恢复研究生培养制度以后，周先生率先在政治经济学专业招收、培养硕士研究生，并于 1981 年获得首批该专业的硕士学位授予权。1979 年，河南大学成立了全国第一个专门的《资本论》研究室。1985 年以后，又组建了河南大学历史上的第一个经济研究所，相继恢复和组建了财经系、经济系、贸易系和改革与发展研究院，并在此基础上成立了经济学院。目前，学院已发展成拥有 6 个本科专业、3 个一级学科及 18 个二级学科硕士学位授权点、1 个一级学科及 12 个二级学科博士学位授权点、2 个博士后流动站、2 个一级省重点学科点、3000 多名师生规模的教学研究机构。30 多年中，河南大学经济学院培养了大批本科生和硕士、博士研究生，并且为政府、企业和社会培训了大批专门人才。他们分布在全国各地，服务于大学、企业、政府等各种各样的机构，为国家的经济发展、社会进步、学术繁荣做出了或正在做出自己的贡献，其中也不乏造诣颇深的经济学家。

在培养和输出大量人才的同时，河南大学经济学科自身也造就了一支日益成熟、规模超过 120 人的学术队伍。近年来，60 岁左右的老一代学术带头人以其功力、洞察力、影响力，正发挥着越来越大的引领和示范作用；一批50岁左右的学者凭借其扎实的学术功底和丰厚的知识积累，已进入著述的高峰期；一批40岁左右的学者以其良好的现代经济学素养，开始脱颖而出，显现领导学术潮流的志向和实力；更有一大批30岁左右受过系统经济学教育的年轻人正蓄势待发，不少已崭露头角，初步展现了河南大学经济学科的巨大潜力和光辉未来。

我们有理由相信河南大学经济学科的明天会更好，经过数年的积累和凝练，它已拥有了支撑自己持续前进的内生动力。这种内生动力的源泉有二：一是确立了崇尚学术、尊重学人、多元发展、合作共赢的理念，营造了良好的学术氛围；二是形成了问题导向、服务社会的学术研究新方法，并据此与政府部门共建了中原发展研究院这一智库型研究平台，获批了新型城镇化与中原经济区建设河南省协同创新中心。学术研究越来越得到社会的认同和支持，也对社会进步产生了越来越大的影响力和推动力。

河南大学经济学科组织出版相关学术著作始自世纪交替的2000年前后，时任经济学院院长许兴亚教授主持编辑出版了数十本学术专著，在国内学术界产生了一定的影响，也对河南大学经济学科的发展起到了促进作用。

为了进一步展示河南大学经济学院经济学科各层次、各领域学者的研究成果，更为了能够使这些成果与更多的读者见面，以便有机会得到读者尤其是同行专家的批评，促进河南大学经济学学术研究水平的不断提升，为繁荣和发展中国的经济学理论、推动中国经济发展和社会进步做出更多的贡献，我们从2004年开始组织出版"河南大学经济学学术文库"。每年选择若干种河南大学经济学院在编教师的精品著述资助出版，也选入少量国内外访问学者、客座教授及在站博士后研究人员的相关著述。该文库分批分年度连续出版，至今已持续10年之久，出版著作总数多达几十种。

感谢曾任社会科学文献出版社总编辑的邹东涛教授，是他对经济学学术事业满腔热情的支持和高效率工作，使本套丛书的出版计划得以尽快达成并付诸实施，也感谢社会科学文献出版社具体组织编辑这套丛书的相关负责人及各位编辑为本丛书的出版付出的辛劳。还要感谢曾经具体负责组织和仍在组织本丛书著作遴选和出版联络工作的时任河南大学经济学院副院长刘东勋教授和现任副院长高保中教授，他们以严谨的科学精神和不辞劳苦的工作，回报了同志们对他们的信任。最后，要感谢现任河南大学经济学院院长宋丙涛教授，他崇尚学术的精神和对河南大学经济学术事业的执着，以及对我本人的信任，使得"河南大学经济学学术文库"得以继续编撰出版。

　　分年度出版"河南大学经济学学术文库"，虽然在十几年的实践中积累了一些经验，但由于学科不断横向拓展、学术前沿不断延伸，加之队伍不断扩大、情况日益复杂，如何公平和科学地选择著述品种，从而保证著述的质量，需要在实践中不断探索。此外，由于选编机制的不完善和作者水平的限制，选入丛书的著述难免会存在种种问题，恳请广大读者及同行专家批评指正。

耿明斋

　　2004 年 10 月 5 日第一稿，2007 年 12 月 10 日修订稿，2014 年 6 月 21 日第三次修订

前　言

收入分配问题在经济学中的重要性和久远性是显而易见的，从亚当·斯密到大卫·李嘉图再到凯恩斯，以及社会主义的按劳分配等，无不体现着收入分配的内容。居民收入的合理分配不仅是关系到人民群众切身利益的经济问题，而且是关系到社会稳定和民族团结的政治问题。因此，对其进行系统分析是经济学研究不可回避的重大课题。

改革开放以来，在我国经济增长取得举世瞩目的成就的同时，居民的贫富差距也不断扩大，我们不仅能从自身的生活深切感受到，也从统计数据上有确切的证据。国家统计局的数据显示，1978 年我国的基尼系数为 0.317，2000 年已超过 0.4 的警戒线，2006 年则为 0.496，不仅城乡居民收入分配差距显著，而且在城市居民和农村居民内部收入极为不平等，这些充分说明我国的居民收入分配格局出现了严重的不均衡现象。近年来，虽有众多专家学者对收入分配问题进行了大量的研究，但是目前还没有找到解决我国收入分配问题的有效途径。因此，在这样的背景下研究我国的收入分配问题，寻找解决适合我国收入不平等的途径，毫无疑问是目前所有问题的重中之重。

我国学者不仅从理论上对居民收入分配问题做了较多的阐述，其研究视角也各不相同，如从经济增长、制度方面、就业、劳动力迁移、收入来源等方面研究。另外从实证研究方面也做出了不少的成果，但是仅从实证分析来看，我国研究者所采用的研究方法还比较简单，缺少更加丰富、有效的计量经济学研究方法。随着计量经济学的发展，尤其是微观计量经济学的发展，经济学者不断地将一些新的研究方法应用到居民收入分配问题的研究领域中，例如，半参数方法、非参数方法、经济模拟、分位数回归和 CGE 方法等。

我国居民的收入分配由于历史发展的因素，显然具有复杂性，从中华人民共和国成立初期的平均分配，到改革开放后逐步实施的以按劳分配为主、多种分配方式并存的分配制度，以及经济发展过程中形成的城乡、区域和行业收入分配差距等。因此对我国居民收入分配问题的研究更具有挑战性，如何利用已有的居民收入分配的数据，将现代经济学的研究方法应用于收入分配问题的研究，如全面深入研究居民收入分配的状况、收入分配的变动趋势、收入分配的成因和收入分配政策的作用效果等，是目前中国经济学者面前的重要课题。

基于以上分析，本书根据中国居民收入分配的相关数据，选择适用于我国经济实际情况的计量经济学模型，在对我国收入分配差距进行分析的同时，也实证检验分析我国居民的收入分配与再分配状况，不仅分析我国居民收入分配的结构，也分析我国财政政策对收入分配的影响关系，对我国收入分配问题的研究提供数据上的支撑。概括起来主要探究以下几个问题。第一，简要概括已有收入分配的基本概念、理论和相关的度量指标。第二，对我国居民收入分配的研究现状进行梳理。首先，回顾影响我国居民收入分配的主要因素，如人力资本、劳动力流动、金融发展、贸易等。其次，分别回顾税收和财政政策对居民收入分配的影响。第三，利用收入分配和再分配模型，根据构建的我国2007年的社会核算矩阵，对我国的收入分配和再分配结构进行分析。第四，根据我国1998～2014年的数据，利用EGR方法测算我国居民收入的两极分化指数，并对我国居民收入两极分化的特征、原因及其对经济和社会的影响进行分析，同时还对我国的极化指数和基尼系数进行国际比较。第五，以我国2007年社会核算矩阵为基础，利用可计算一般均衡模型分析我国间接税税率的降低对城乡各阶层居民收入的影响。第六，根据我国1999～2009年的居民收入的数据，采用广义熵指数从区域分解和收入来源分解的角度计算转移性收入对居民收入分配的影响。第七，根据1978～2009年的公共财政支出数据，研究我国公共财政支出对收入分配的影响。第八，分析对比收入不确定的测度方法，并进一步分析收入不确定对消费的影响。

最后，给出本书的研究结论，由于时间的限制以及作者自身水平的局限，本书的研究难免存在不足与疏漏，敬请各位专家和同人多批评指正。

Foreword

In economics, long and importance of income distribution is obvious, rational distribution of income is not only related to the economic question of the vital interests of the people's, but also the political issues of the social stability and national unity. Therefore, it is a major issue that can not be avoided in the economics.

Since the reform and opening up, China's rapid economic growth has attracted worldwide attention, while the gap between the rich and the poor has reached a level rarely seen in the world. This can be felt not only from our own lives, but also from the statistical evidence. According to the national bureau of statistics data show that China's Gini coefficient was 0.317 in 1978, 2000, has more than 0.4 the end of 2006 is 0.496, it is not only significant difference was found in the income of urban and rural residents, and within the urban and rural residents income is very unequal, these fully illustrates the pattern of income distribution in China appeared serious imbalance phenomenon. Although many experts and scholars have done a lot of research on income distribution in recent years, there is no effective way to solve the problem of income distribution in China. Therefore, it is undoubtedly the most important thing to study the income distribution in China under this background and find the solution suitable for China's income inequality.

Chinese scholars have not only expounded the income distribution of Chinese residents in theory, but also studied from different perspectives, such as economic growth, system, employment, labor migration and income sources. And also a lot of results from the aspects of empirical research, but only from the point of empirical analysis, research methods adopted by the researchers in our country is relatively simple, lack of more abundant and effective econometric research methods, with the development of econometrics, especially the development of the micro econometrics, economic scholars keep some new research methods applied to the residents income distribution problem in the field of study, such as a parameter method, nonparametric method, economic model, quantile regression and CGE method and so on.

Due to the reasons of historical development, the income distribution of Chinese residents is obviously more complicated, ranging from the average distribution in the early days of the founding of the People's Republic of China to the distribution system that is dominated by distribution according to work and coexists with various distribution modes after the reform and opening up, as well as the income gap between urban and rural areas, regions and industries formed in the process of economic development. So the study on the residents' income distribution problem in more challenging, how to utilize the existing in our country residents income distribution data, the application of the research methods of modern economics in the research of the income distribution, comprehensive research of the status of the residents' income distribution and income distribution change trend, the causes of the income distribution and income distribution policy effects, etc. , is the important subject in front of China's economic scholars.

Based on the above analysis, this paper, based on the related data of Chinese residents' income distribution, choose suitable for the actual economic situation in our country, the econometric model, the analysis of the income gap in China, and empirically analyzes the residents' income distribution and redistribution, not only on the analysis of the structure of residents' income distribution in our country, also analyzed the fiscal policy on the influence of the income distribution in our country, the study on income distribution in China provides the data support. In summary, it mainly explores the following questions: (1) We briefly summarize the existing basic concepts, theories and relevant measures of income distribution; (2) The current research status of income distribution of Chinese residents is sorted out. Firstly, the paper reviews the main influencing factors of income distribution in China, such as human capital, labor flow, financial development and trade, etc. Secondly, the influence of tax and fiscal policy on income distribution is reviewed. (3) By using the income distribution and redistribution model, the income distribution and redistribution structure in China is analyzed according to the social accounting matrix established in 2007. (4) According to China's data from 1998 to 2014, the polarization index of Chinese residents' income was calculated by using the EGR method, and the characteristics, causes of the polarization of Chinese residents' income and its impact on economy and society were analyzed. Meanwhile, the polarization index and Gini coefficient of China were compared internationally. (5) Based on China's 2007 social accounting matrix, the impact of the reduction of indirect tax rate on the income of urban and rural residents at all levels was analyzed by using the computable general equilibrium model. (6) Based on the data of the residents' income in China from 1999 to 2009, the influence of the transferred income on the residents' income distribution was calculated by using the generalized entropy index from the perspectives of regional decomposition and income source decomposition. (7) According to the public fiscal expenditure data from 1978 to 2009, this paper studies the impact of China's public fiscal expenditure on income distribution. (8) We analyze and compare the measurement methods of income uncertainty, and further analyze the impact of income uncertainty on consumption.

Finally, the conclusion of this book is given. Due to the limitations of time and the author's own level, the research of this book inevitably has many deficiencies and omissions.

目　录

第一章 收入分配的基本概念、理论与度量指标

第一节 收入分配的基本概念

马源平在其《收入分配论》中指出，收入分配是指社会在一定时期内创造出来的产品或价值按一定标准分配给消费者的活动过程。马洪和孙尚清的《经济与管理大辞典》一书中，收入分配是指国民收入在各生产要素之间的分配，或是指国民收入在居民之间的分配。综合起来，收入分配是指将社会生产成果按照生产要素在生产过程中所做贡献的大小在生产要素以及要素所有者之间进行分配的一种活动。常见的收入分配主要有以下几种分类方法。

一 功能性收入分配和规模性收入分配

纵观收入分配的研究历程，可以寻找出两条主要的研究路线。一条是起源于亚当·斯密、大卫·李嘉图等古典经济学家的按要素进行的收入分配，称之为功能性收入分配（Functional Distribution of Income）；另一条是源于帕累托的主要研究家庭、个人等微观领域的收入分配，称之为规模性收入分配（Size Distribution of Income）。

功能性收入分配也称为要素收入分配，主要研究各种生产要素与其所得收入之间的关系，是从收入来源的角度来研究一个国家中资本、劳动力、土地等生产要素所有者按投入要素数量和贡献获得相应的收入份额的问题。重点讨论要素价格的形成，诸如工资、利润率和地租等，以及国民

收入中不同生产要素所获得的收入份额的确定问题。功能性收入分配侧重于研究不同的生产要素所获得的收入份额的确定问题，故一般用于研究经济效率相关的问题。

规模性收入分配也称为家庭（个人）收入分配，主要运用统计规律，根据各个不同社会特征的个人或家庭社会平均收入偏移的状况，分析个人或家庭的相对收入分配差距，研究的是个人或家庭与其所得收入总额的关系，是从收入所得者的规模与所得收入的规模关系的角度研究收入分配的。规模性收入分配侧重于研究居民家庭（个人）的收入分配问题，故多用于研究收入不平等、收入分配差距等问题。

二　初次收入分配和再次收入分配

初次收入分配（Initial Distribution of Income）和再次收入分配（Redistribution of Income）是按照分配的层次来划分的。国民收入由初始状态向个人可支配收入转化的过程就是收入的初次分配与再次分配过程。

初次收入分配是指生产过程所创造的增加值在参与生产过程各要素之间进行的分配和因生产而向政府做出的支付，生产要素包括劳动力、土地、资本等。它是与国民收入的来源或创造相联系的分配层次，承受者是收入的生产者或创造者，主要有税收、企业利润及工资等几种形式。

再次收入分配是指在初次收入分配的基础上通过现金或实物转移而实现的收入分配，也是政府对要素收入进行再次调节的过程。再次收入分配的主要形式有个人所得税、财产税、赠与税、社会福利、转移支付、捐赠、救济、罚款等。再次收入分配的主要实施者是政府，另外企业、社会团体、个人等也可以劳务付费等方式进行。再次收入分配是对初次收入分配的重要补充，它具有灵活性等特点，在调节收入分配方面发挥着重要作用。

三　宏观收入分配和微观收入分配

宏观收入分配是指国民收入总量的分配，表示在一定时期和一定的社会经济体制下，社会各经济主体（如政府、企业和个人）对国民收入的分配关系，它与主体收入分配对应。宏观收入分配格局反映各经济主体所得收入在国民收入总额中所占比重的一种结构关系：经济发展直接决定经济主体的收入总量，而宏观收入分配格局对一国经济能否健康稳定发展产生重要影响。

微观收入分配是各经济单位（单个企业或个人）的收入分配，主要是个人收入分配，它表示在一定时期和一定的社会经济体制下，社会各类成员的收入水平与各自实际投入或贡献之间的关系，以及社会成员之间的收入比例关系。微观收入分配格局主要反映各类社会成员的个人所得在个人收入总额中所占比重的一种结构关系。研究微观收入分配格局侧重于分析居民个人收入分配差距是否合理。

在本书中对以上几种分类的收入分配均有涉及，从不同的角度来分析我国的收入分配问题。

第二节　收入分配的基本理论回顾

众所周知，经济学是研究经济行为和经济运行规律的一门科学，经济活动是一个有机的整体，包含经济运行的各种规律，早期的经济学研究，如重农学派和古典经济学派等，他们都综合分析了经济学中的国民收入、国民财富、货币流通等各种经济现象，只是到后来随着分工理论的发展，经济学理论的划分也越来越详细，但是从经济学说史的发展轨迹，我们可以看出收入分配理论一直在经济理论中占有重要的地位，而且不少学派也都对其进行了详细的探讨，提出了不同的观点。下面我们从经济学发展史的角度梳理一下收入分配理论的发展脉络，简要介绍各学派收入理论的主要观点、研究思路以及研究方法，希望通过回顾前人的经典理论成果，能对我们现在的研究有所启发。

对于收入分配理论的研究，基本上可以分为三种：第一种是基于市场调节的收入分配理论，主要研究市场自发调节收入分配的功能；第二种是研究收入分配的发展规律；第三种则是基于政府调控的收入分配理论，主要研究政府应该在收入分配中发挥的调节作用。

一 基于市场调节的收入分配理论

（一）古典经济学的收入分配理论

最早开始研究收入分配问题的应该是古典经济学派，古典经济学派起源于大卫·休谟，由亚当·斯密奠基，其后又由大卫·李嘉图、约翰·穆勒等完善。古典经济学的收入分配理论采用价值分析方法，研究随着人口增长、资本积累和经济增长，地主、工人和资本家等各阶级收入份额的决定及其变化规律，其代表人物有威廉·配第、亚当·斯密、大卫·李嘉图等，其中李嘉图的学说影响较大。下面我们就分别介绍古典经济学派中几个代表人物的收入分配理论。

威廉·配第作为古典经济学的代表人物之一，第一次把劳动和价值结合起来考虑，提出了以劳动价值论为基础来探讨资本主义的分配关系，他的分配理论是以工资理论为前提、以地租理论为中心展开的，分别考察了工资、地租、利息和土地价格之间的分配关系。关于工资理论，配第把工资看作维持工人生活所必需的生活资料的价值，奠定了古典经济学中工资理论的基本观点，最低限度理论后来成为整个古典经济学派分配论的基础之一；关于地租理论，配第认为地租是收获量（土地总产品）减去种子（代表全部生产资料）和劳动者的生活资料以后的剩余产品，即农业总产品价值扣除生产费用后的余额，并提出了级差地租的概念，实际上也触及了剩余价值的问题。对于利息，配第则认为利息理论是研究怎样运用货币来增加财富的，认为利息是合法的收入。

亚当·斯密第一次完整地对国民经济系统进行了分析，创建了一个相对完整的自由主义市场经济理论体系，奠定了古典经济学的基础。斯密继承和发展了配第的劳动价值理论和社会分工理论，提出了著名的以价值论为基础的收入分配思想，即三个基本阶级和三种基本收入的思想，三个基本阶级就是工人、资本家和地主，三种基本收入就是相应的工资、利润和地租，而其他的如利息、租金等都是三种基本收入派生的。对于工资，斯密有两种观点：第一种，认为资本主义制度下的工资只是劳动者自己劳动生产物的一部分，而劳动生产物的其余部分，则构成了地主的地租和资本家的利润；第二种，认为工资就是劳动的价格和价值，有它的市场价格和自然价格，市场价格最终取决于市场上的供求关系。关于工资变化的趋势，斯密认为工人的工资必然随着资本的积累和国民财富的增长而不断提高。关于利润，斯密也有两种观点：第一种，认为利润是工人劳动生产价值的一部分，是雇主分享的由工人劳动对原材料所增加的价值在扣除了工资以后的余额；第二种，认为利润是资本的自然报酬，是资本家生活费用的正当来源。对于利润量的决定，斯密认为利润量首先取决于资本所支配的劳动量和工资量，利润量的大小同资本支配的劳动量成正比，同工资量成反比。同样斯密对地租也有两种观点：第一种，认为地租是工人劳动所产生的价值的一部分，是投入土地的劳动生产物或其价值在工资、利润以外的一个扣除部分；第二种，认为地租是使用地主土地的代价或自然报酬，是商品价值或生产费用的一个构成部分，是商品价值的根本源泉之一。对于地租量的决定，斯密认为自然地租是租地人从土地生产物或其价格中扣除了他的资本和普通利润后所能支付的最高数额，地租是土地生产物价格超过农业家普通利润的余额。地租变动的趋势是随着资本的积累、社会财富的增长和社会的改良而增长的。

大卫·李嘉图（1976）是英国古典经济学理论的另一位杰出代表人物，他主张维护新兴资产阶级的利益，实行经济上自由主义的政策。分配理论在李嘉图经济理论体系中占有核心的地位，他认为"确立支配这种分配的法则，乃是政治经济学的主要问题"。因为收入怎样分配直接影响利润和资本积累，影响社会生产力的发展和国民财富的增长。李嘉图继承了斯密的三个基本阶级和三种基本收入的分配理论，但他克服了斯密对三种基本收入的双重见解，其理论特点主要在于：第一，对工资、利润和地租的分析始终以劳动价值论为基础，认为三种基本收入都仅仅是劳动创造价值的一部分，从而更加一贯地坚持利润、地租来源于工人劳动；第二，在此基础上，李嘉图坚持认为三种基本收入中工资量的变动起着决定作用，并认为工资变动为因，利润、地租变动为果；第三，他有意识地研究了工资和利润、利润和地租的对立关系，分析了资本主义经济关系中的阶级对立。李嘉图在三种基本收入中强调只有利润对社会生产力的发展最重要，因为只有利润增加，才能增加资本积累，促进生产力的发展，而利润的增加又受制于工资和地租的变动。

（二）新古典经济学的收入分配理论

新古典经济学是 19 世纪 70 年代由"边际革命"开始而形成的一种经济学流派。它继承了古典经济学自由主义的同时，以边际效用价值论替代了古典经济学的劳动价值论，以需求为核心的分析替代了古典经济学以供给为核心的分析。新古典经济学形成之后，代替了古典经济学成为当时经济理论的主流。新古典经济学派中对收入分配理论研究的代表人物主要有克拉克、马歇尔等。

克拉克是边际效用学派在美国的代表，他继承并发展了西欧流行的边际效用价值论，同时吸收了生产三要素论、资本生产力论和报酬递减论等，提出了用边际生产力论来解释收入分配问题。克拉克用边际生产力论解释各生产要素分配大小的原则，建立了一个以边际效用为基础、以分配为中心的经济理论体系。克拉克将经济学分为静态经济学和动态经济学，分别研究了这两种经济状态下的财富生产和分配问题。克拉克主要研究了静态的分配规律，以边际生产力论为基础，论述了工资、利息形成的自然规律和静态标准。

马歇尔在均衡价格论的基础上，提出了他的收入分配论。他认为，分配份额的大小决定于各生产要素的均衡价格，因此，各生产要素在国民收入中所占份额的大小，取决于它们各自的均衡价格。马歇尔将生产要素区分为劳动力、资本、土地和企业组织四种，认为生产要素的均衡价格分别构成各自的收入，即劳动工资、资本利息、地租和利润。马歇尔用供求关系来分析各要素的均衡价格，认为生产要素的均衡价格是由它们的供求关系决定的，生产要素的需求价格和供给价格相等时的价格就是它们的均衡价格。各生产要素的需求价格就是企业家购买或租借它们时愿意支付的价格，它由各生产要素的边际生产力决定，而生产要素的边际生产力就是它们的边际增量。企业家就是根据生产要素的边际增量来决定对它所愿付出的价格。各生产要素的供给价格就是它们的提供者愿意接受的价格，它由各生产要素的边际生产费用决定，即由边际增量对要素供给者造成的代价来决定。

新古典经济学家们不仅详细讨论了微观的收入分配理论，而且也开启了研究宏观收入分配的先河，建立了研究宏观经济的收入分配理论，分析功能性收入分配中各要素的收入分配份额的决定和变化，该理论的基础是生产函数与替代弹性，并考虑了技术因素，阐述了生产与分配之间的关系。宏观收入分配理论的代表人物是索洛（Solow）和罗默（Romer），都采用了柯布－道格拉斯生产函数，其中索洛模型将技术视为外生因素，而罗默等人则进一步发展，将技术进步视为内生因素，强调了知识、技术、创意等在生产中的作用。典型的生产函数是柯布－道格拉斯生产函数，其基本形式为：

$$Y = AL^\alpha K^\beta$$

其中，Y 表示总产出，A 表示技术水平，L 和 K 分别表示生产过程中投入的劳动力和资本要素，α 和 β 分别是劳动力的产出弹性系数和资本产出弹性系数，劳动力和资本的边际产品分别是：

$$MP_L = \partial Y/\partial L = A\alpha L^{\alpha-1} K^\beta, \quad MP_K = \partial Y/\partial K = A\beta L^\alpha K^{\beta-1}$$

因此，劳动力和资本在国民收入中所占的比重分别为：

$$(MP_L \times L)/Y = (A\alpha L^{\alpha-1} K^\beta \times L)/Y = \alpha, \quad (MP_K \times K)/Y = (A\beta L^\alpha K^{\beta-1} \times K)/Y = \beta$$

从这里可以看出，劳动力和资本的弹性系数同时也分别表示劳动力和资本的收入份额。

二　基于政府调节的收入分配理论

（一）凯恩斯的收入分配理论

20 世纪 30 年代的资本主义经济大危机，使人们对于以 "萨伊定理" 为假设的古典经济主义的自动均衡理论产生了怀疑，凯恩斯则根据当时情况在其《就业、利息和货币通论》一书中，提出了有效需求原理，认为在正常情况下，资本主义经济没有自动达到充分就业均衡，总需求一般会小于总供给，要使经济达到充分就业均衡，国家必须担负起增加总需求的责任。这里凯恩斯不仅提出了 "非均衡" 的存在，而且也否定了传统的自由放任的理论基础（总需求恒等于总供给的 "萨伊定理"）。

对于收入分配的研究，凯恩斯也有独特的见解。新古典经济学家认为资本的增长是由 "富人过剩收入中储蓄而来的"，因此，收入分配不均衡有利于资本的增长。凯恩斯却得出相反的结论："在达到充分就业这点以前，资本的增长并不系乎消费倾向之低。反之，反因其低而遭遏制。"因此，如果"采取步骤，重新分配收入，以提高消费倾向，则对资本的增长大概是有利无弊的"。于是凯恩斯（1981）主张进一步用累进税来缩小收入分配差距，以增加消费需求和提高就业水平。这里凯恩斯指出收入分配不公是导致有效需求不足和就业不充分的重要原因，因此要消除收入分配不公，并提出了两种解决办法，一种是提高富人的个人所得税，另一种是消灭食利阶层。另外在工资理论中，凯恩斯把工资分为实际工资和货币工资，认为货币工资具有刚性，降低货币工资不仅不能恢复充分就业，还会降低社会总需求，进一步使市场萎缩，更不利于就业。但是若维持货币工资不变而增加货币供给量，则会导致通货膨胀。通过权衡，凯恩斯认为工资政策应该是在保持货币工资不变的同时增加货币供给量，这可以避免因削减工资而导致的工人反抗，这样用通货膨胀的办法来降低实际工资，提高资本边际效率，以刺激厂商投资。

（二）新剑桥学派的收入分配理论

凯恩斯的理论发表之后，引来诸多的追随者，他们各自站在自己的立场和观点解释凯恩斯的理论，逐渐形成了凯恩斯主义的两大派别：一派是新古典综合派，另一派是新剑桥学派。在收入分配方面，新剑桥学派的理论较为值得推荐，其代表人物为琼·罗宾逊，她批判了边际效用学派的主观价值论，将收入分配论恢复到古典经济学的传统，即以劳动价值论为出发点进行研究。

罗宾逊认为，斯拉法的《用商品生产商品》一书为新剑桥学派的收入分配理论提供了一个价值论基础，斯拉法在此书中指出，国民收入在工资和利润之间的分配不会影响商品价值本身的变化，在全部国民收入对全部生产投入量的比率 R 既定时，利润率 r 和工资率 W 的关系为：$r = R(1-W)$。这表明在经济生活中，如果工资是由国民收入支付的，则工资和利润之间存在一种线性关系，两者呈反方向变动。新剑桥学派以此理论为基础，提出了自己的收入分配论，他们认为，在资本主义经济制度下，国民收入的分配中，工资和利润是对立的，收入分配格局的形成与历史上形成的财产占有制度有关，也与劳动市场的历史条件有关，在研究收入分配问题时应综合考虑。工资可以划分为货币工资和实际工资，货币工资受一国历史上形成的工资水平、国内劳资双方议价的力量对比等因素的影响，后者则与利润率、商品和货币流量以及收入分配构成有关。新剑桥学派指出，利润是资本家凭借财产所有权而获取的非劳动收入，而工人的工资只是劳动收入，因此，资本家与工人之间的边际生产力的分配是不公平的。因此，新剑桥学派得出结论：既然国民收入划分为工资和利润，而相对利润率是由长期竞争的市场制度外生性决定的，所以工资和利润在国民收入中相对份额的大小就直接取决于利润率的高低，利润率越高，利润在国民收入中所占份额越大，工资所占份额就越小；反之，利润率越低，利润所占份额就越小，而工资所占份额就越大。

新剑桥学派的收入分配理论的特点是将收入分配与经济增长结合起来考察，重点分析了收入分配对经济增长的影响。新剑桥经济增长模型是由英国的罗宾逊、卡尔多和意大利的帕森奈蒂提出来的。该模型的基本假设有：①资本-产量比率保持不变，即常数；②均衡条件为 $I = S$；③社会成员分为工资收入者（工人）和利润收入者（资本家），两者的储蓄率都是固定的，但利润收入者的储蓄率大于工资收入者的储蓄率。

G 代表经济增长率，sp 代表利润收入者的储蓄率，sw 代表工资收入者的储蓄率，s 代表总储蓄率，p/k 是利润率，以 π 为代表，根据哈罗德基本模型可得：

$$G = \pi \ (sp - sw) \ + p/k$$

该式是新剑桥经济增长模型。该模型的含义：在既定的技术水平下，经济增长率决定于利润率的高低以及资本家和工人两个阶级的储蓄倾向。

得出的结论如下。第一，在其他条件不变的情况下，经济增长中收入分配变动的趋势是：经济增长率越高，利润率就越大，国民收入中利润部分所占份额就越大，工资部分所占份额就越小。这样，经济增长加剧了资本主义社会中利润和工资分配比例的失调，使工人的处境绝对恶化，所以，经济增长不利于工资收入者而利于利润收入者，工资在国民收入中相对比例的下降是必然的。第二，资本主义的症结在于收入分配的不平等。国民收入分配中利润与收入分配的格局是由历史条件形成的，经济增长使其加剧。第三，解决资本主义社会问题的途径不是实现经济增长，而是实现收入均等化。新剑桥学派认为，经济增长不仅造成了环境污染、通货膨胀等问题，而且使工人的收入在国民收入中所占的比例相对减少，最终造成了绝对贫困。

新剑桥学派的经济政策主张是依据其收入分配理论提出的，他们主张：①改进先进税收制度，实现收入均等化；②通过政府的福利措施，缓解"富裕中的贫困"的现象；③对投资进行全面的社会管制，克服经济盲目增长，把经济社会纳入凯恩斯所设想的"长期充分就业"的轨道。

（三）福利经济学派的收入分配理论

庇古是英国著名的经济学家，除了忠实地传播马歇尔的学说外，还补充了马歇尔提出的经济学要解救贫困、增进福利的论点，建立了完整的福利经济学体系。庇古认为用边际效用学派的基数论和边际效用递减规律以及局部均衡等分析方法可以对经济福利进行计量，提出国民收入越多，则国民收入分配越均等化，社会经济福利就越大的命题。

庇古认为国民收入分配越是均等化，社会经济福利就越大。他认为，经济福利在相当大的程度上取决于国民收入的数量和国民收入在社会成员之间的分配情况。因此，要增加经济福利，在生产方面必须增加国民收入总量，在分配方面必须消除国民收入分配的不均等。他所说的收入均等化就是国家通过累进所得税政策把向富人征得的税款用来购买社会福利设施，让低收入者享用。庇古认为，这一途径实现"把富人的一部分钱转移给穷人"的"收入均等化"，就可以使社会经济福利极大化。如果分配和再分配的结果导致社会经济福利的增加，也就是增加了经济效率，收入分配就是公平的；如果分配和再分配的结果导致社会经济福利的减少，即降低了经济效率，那么收入分配就是不公平的。

以庇古为代表的福利经济学被称为旧福利经济学，而西方经济学家把20世纪30年代以后在批判庇古的福利经济学的基础上建立的福利经济学称为新福利经济学。新福利经济学家们主张用边际效用序数论来代替旧福利经济学的基数论命题，反对将高收入阶层的货币收入转移一部分给穷人的主张，其代表主要有罗宾斯、卡尔多、希克斯、柏格森和萨缪尔森等，他们将帕累托的最优原理引入了福利经济学，并提出了补偿原则和社会福利函数论。卡尔多、希克斯的补偿原则是指某一经济变动虽然有受益者和受损者，如果受益者给予受损者以补偿，使得受损者也接受这一变化，那么这一经济变化就意味着社会经济状态的改善。社会福利函数者认为，社会福利是社会所有个人购买的商品和提供的要素以及其他有关变量的函数，这些变量包括所有家庭或个人消费的所有商品的数量，所有个人从事的每一种劳动的数量，所有资本投入的数量等。福利函数论者同时还认为，帕累托最优状态不是一个，而是有许多个，要达到最优的充分条件就是福利应该在个人间进行合理分配。因此，社会福利函数采用社会无差异曲线和效用可能性曲线来确定帕累托最佳状态的最大值，其值由社会无差异曲线和效用可能性曲线的切点所确定，代表受到限制的社会福利的最大值。

（四）新制度经济学派的收入分配理论

从 20 世纪 80 年代以来，新制度经济学逐渐兴起，为经济理论的创新和发展注入了新的活力。制度分析早期由马克思、凡勃伦、康芒斯等人做了开创性的研究，但他们并没有研究制度分析与收入分配的关系，而后来的新制度经济学家科斯、诺斯等人则对制度分析做了更一般的研究。

新制度经济学家诺斯认为"制度是一个社会中的一些游戏规则；或者，更规范地说，它们决定人们的相互关系而人为设定的一些制度"。而诺斯的定义为："制度是一系列被人为制定出来的规则、守法秩序和行为道德、伦理规范，它存在约束主题福利或效用最大化利益的个人行为。"制度的基本功能就是通过法律、规范或者习惯、道德调解人们之间的利益关系，进而对追求利益最大化的个体行为进行有效的约束。制度经济学家认为制度是最重要的，是决定经济效率和社会进步的重要因素，对于收入分配而言，也毫不例外，有效率的分配制度的确定才能促进经济的增长。

有效率的、合理的收入分配制度可以为每个经济行为主体提供适当的利益激励机制，并使人们最大限度地从事生产性活动，同时也形成一定的约束条件，这就是制度经济学提倡的有效激励和约束机制。反之，一种不合理的收入分配制度既不能提供合理的约束条件，也无法为行为主体提供有效的激励措施，这样就不能促进经济的有效增长。合理的、有效的收入分配制度还可以激励人们不断采用新技术并鼓励人们不断进行技术创新，从而促进经济的快速发展。

总之，新制度经济学家们从制度的角度分析了有效率的组织制度，包括合理、有效的收入分配制度都是经济增长的关键因素，经济增长过程中必须重视制度的作用，尤其是合理的收入分配制度在现代经济中所起的激励作用更是不容忽视。

三 基于经济发展的收入分配理论

与传统的收入分配理论不同的是，20 世纪 50 年代以来，出现了一批以研究发展中国家的收入分配的经济学家，他们把收入分配同经济增长结合起来，研究了经济发展中收入分配的变化规律，其中比较典型的有库兹涅茨的倒"U"形经济理论、刘易斯的二元经济结构理论、舒尔茨的人力资本理论、罗默的内生经济增长理论、马克思的收入分配理论等，下面我们对其中部分理论分别进行简要介绍。

（一）库兹涅茨的倒"U"形经济理论

美国著名经济学家、统计学家库兹涅茨在 1955 年发表的《经济发展与收入不平等》的论文中，提出了收入分配差距的倒"U"形假说。他根据经济增长早期阶段的普鲁士（1854 ~ 1857 年），处于经济发展后期阶段的美国、英国和德国萨克森地区（1880 ~ 1950 年）收入分配差距的统计资料，提出"收入分配不平等的长期趋势可以假设为：在前工业文明向工业文明过渡的经济增长早期阶段迅速扩大，而后是短暂稳定，然后在增长的后期逐渐缩小"。在库兹涅茨看来，发展中国家向发达国家过渡的长期过程中，居民收入分配的差距"先恶化，后改善"的趋势是不可避免的。该曲线如图 1 - 1 所示。

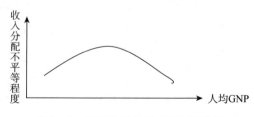

图 1 - 1 库兹涅茨的倒"U"形曲线

图 1-1 中，横轴表示人均 GNP，纵轴表示收入分配不平等程度（基尼系数）。图中的倒 "U" 形曲线表明，当收入水平上升时，不平等程度首先增大，当收入水平上升到一定程度时，不平等程度达到最高后开始逐渐变小。库兹涅茨在解释倒 "U" 形假说时，认为收入分配差距在经济发展早期阶段逐步恶化的原因有两个：一是储蓄和积累集中在少数富裕阶层，而储蓄和积累又是经济增长的动力，因而在经济增长中必然是穷者越穷，富者越富；二是工业化和城市化是经济增长的必然结果，而城市的居民收入比农村更加不平等，所以城市化水平的提高必然带来收入分配的恶化。他认为现实中有一些因素能够抵消收入分配差距的扩大，从而使收入不平等的状况由恶化向逐步缓和转变。这些因素是：①法律干预和政治决策，如遗产税、累进所得税制和救济法的实施；②人口中富人的比重由于其比穷人更倾向于控制生育而下降，若干年后固定比重的最富裕阶层中有收入相对较低的人口进入，从而使这一阶层的相对收入份额下降；③技术进步和新兴行业的不断出现，不可避免地导致来源于旧行业的财产和收入的比重在总收入中逐步减小。

（二）刘易斯的二元经济结构理论

二元经济结构是大多数发展中国家的共同特征，1954 年刘易斯（Lewis）在发表的题为《劳动力无限供给条件下的经济发展》一文中，首次提出了二元经济结构理论，揭示了发展中国家并存农村中以传统生产方式为主的农业和城市中以制造业为主的现代化部门，发展中国家的农业中存在边际生产率为零的剩余劳动力，因此农业剩余劳动力的非农化转移能够促使二元经济结构逐步弱化。刘易斯等人的两部门剩余劳动模型，实质上是用劳动力和资本两大类生产性要素的供求关系来分析经济增长过程中的要素收入分配的。在劳动力相对过剩的时期，劳动力的价格相对比较低，但是资本的收益不断增加，当劳动力变成稀缺生产要素时，劳动力的收益开始逐渐上升。与此同时资本则处于相对比较富足的状态，因而资本的收益开始减少。两部门理论解释了倒 "U" 形曲线发生的全过程，收入分配不均等程度在经济发展的初期阶段逐渐扩大，然后是短暂的相对稳定时期，在经济发展的高级阶段，收入不均等水平开始下降。

(三) 马克思的收入分配理论

马克思的收入分配理论是建立在劳动价值论基础上的，对资本主义社会的分配关系进行深刻剖析，认为资本主义的分配关系就是资本家无偿占有工人劳动创造的剩余价值，这一生产关系是由资本主义生产资料所有制决定的，随着资本的不断积累，资本有机构成不断提高，过剩劳动力会出现，同时企业的竞争造成集中，必然有一部分小资产阶级沦为无产阶级，形成庞大的产业后备军。这些因素与资本主义社会的生产周期性相结合，资本主义社会会出现两极化趋势：一方面，资本和社会财富日益集中到小部分的大资本家手中；另一方面，无产阶级越来越贫困，甚至是绝对贫困化。因此，随着资本主义的发展，利润率下降，各种危机发生，伴随着企业的破产和产业集中程度的提高，资本主义最终会在经济危机中崩溃，并为社会主义所取代，这样工人的状况才能得到改善。同时，马克思也构想了社会主义的分配关系，他所设想的社会主义具有高度发达的生产力，建立了纯粹的公有制体系，实行的是有计划的产品经济模式，因此，在分配上是不需要借助商品货币关系的，分配原则是按劳分配。他在《哥达纲领批判》等著作中就指出"生产者的权利和他们提供的劳动是成比例的，平等就在于以同一尺度（劳动）来计量"。在马克思的社会主义分配理论的指导下，当时的社会主义国家形成了自己的分配模式，可以概括为政府作为公共利益的代表通过高度集中的计划经济体制及各种手段对国民收入进行分配和再分配，实行按劳分配原则。但要精确地计量劳动是比较困难的，因此，当时的社会主义国家实践的结果都是由按劳分配转变为一种近似平均主义的分配模式。

第三节　收入分配不平等的度量

对于收入分配的研究，通常分析的是收入的规模分配，对于收入不平等的研究，常需要用定性、定量的指标来衡量，下面就介绍一下大家常用的收入不平等的度量原则与指标。

一 收入分配不平等的度量原则

收入分配不平等的度量是比较困难的事情，人们通常接受的衡量收入分配不平等的度量原则主要有以下 4 个，此处通过以下函数分别对 4 个原则加以说明。

$$I = I(y_1, y_2, y_3, \cdots, y_n)$$

函数的定义域为所有可能的收入分配 $(y_1, y_2, y_3, \cdots, y_n)$，其中，$I$ 为不平等指数，它的值越大说明越不平等。

1. 匿名原则

该原则不关心具体某个人的收入，只关心一个经济体的整体收入分配情况，即如果有任意两个人的收入对换，不影响全社会的不平等程度。从形式上看，该原则意味着总能把收入分配排列成从最少到最多的序列，即函数 I 完全不受个体之间 $(1, 2, 3, \cdots, n)$ 收入分配 $(y_1, y_2, y_3, \cdots, y_n)$ 的影响。

2. 人口原则

此原则说的是人口规模并不重要，重要的是各个不同收入水平上人口的比例。如果人口规模扩大或缩小，而各个收入水平的人口也成比例地扩大或缩小，则对收入分配不平等程度不产生影响，即对每一个分配 $(y_1, y_2, y_3, \cdots, y_n)$，都有如下关系。

$$I(y_1, y_2, y_3, \cdots, y_n) = I(y_1, y_2, y_3, \cdots, y_n; y_1, y_2, y_3, \cdots, y_n)$$

3. 相对收入原则

此原则是收入的相对值有意义，而绝对值并不重要。如果一种收入分配在另一种收入分配基础上把每个人的收入都增加或减少一个相同的比例或以不同的货币计量得到，那么不平等程度就会不变，即对于任何一个数 λ 有：

$$I(y_1, y_2, \cdots, y_n) = I(\lambda y_1, \lambda y_2, \lambda y_3, \cdots, \lambda y_n)$$

4. 累退原则（达尔顿原则）

此原则由达尔顿（Dalton）于 1920 年提出，主要内容是，如果一个收入分配是由另一个收入分配经过一系列的累退性转移后得到的，那么前者一定比后者的不平等程度高。其中，累退性转移是指收入从"不太富"的个体转移到"不太穷"的个体。在此原则中，对每一个收入分配（y_1，y_2，…，y_n）和转移量 $\delta > 0$，I 满足：

$$I(y_1, \cdots, y_i, \cdots, y_j, \cdots, y_n) < I(y_1, \cdots, y_j - \delta, \cdots, y_j + \delta, \cdots, y_n)$$

其中，$y_i \leqslant y_j$ 恒成立。

二　收入分配不平等的度量指标

改革开放以来，随着经济的快速发展，我国的收入分配状况也发生了较大的变化，收入分配的差距呈明显的扩大趋势，不仅表现在城乡居民收入之间，而且在区域、行业等之间都有此趋势。因此对收入分配不平等的度量指标的选择具有重要的意义，下面我们就简单介绍一下常见的收入分配不平等的度量指标。

1. 洛伦茨曲线

洛伦茨曲线（Lorenz Curve）是由美国统计学家洛伦茨提出的，衡量一个社会的收入在个人或家庭之间的分配偏离完全平均分配的程度，已经被广泛应用于对收入分配和财富不平等的分析。

洛伦茨首先将一国人口按照收入从低到高进行排列，然后考虑收入最低的任意百分比人口所得的收入百分比，最后将它们的对应关系描绘在图形上，得出洛伦茨曲线，如图 1-2 所示。图中横轴 OH 表示人口（按收入由低到高分组）的累计百分比，纵轴 OM 表示收入的累计百分比，弧线 OL 表示洛伦茨曲线。

洛伦茨曲线的弯曲程度反映了收入分配的不平等程度，弯曲程度越大，收入分配越不平等，反之亦然。例如，若洛伦兹曲线与 45°线重合，表明一定比例的人口获得相同比例的国民收入，如 20% 的人口获得 20% 的国民收入，80% 的人口获得国民收入中的 80%，社会收入分配处于绝对平均状态。在现实社会中，收入不是在人口中平均分配的，例如，40% 的人口可能只是获得 10% 的国民收入，若收入都集中在一人手中，而其余人口均一无所获时，收入分配达到完全不平等，洛伦茨曲线为折线 OHL。而实际上一个国家的收入分配是处于完全不平等和完全平等之间的，因此洛伦茨曲线是弧线 OL，尽管不同国家可能由于不平等程度的不同，OL 的弯曲

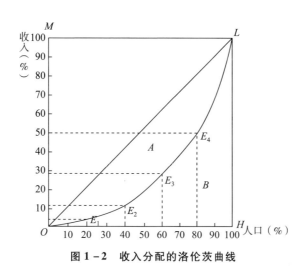

图 1 - 2　收入分配的洛伦茨曲线

程度会有所不同。

2. 基尼系数

在洛伦兹曲线的基础上，意大利统计学家基尼把洛伦兹曲线上 45° 线以下的面积区分为两部分，洛伦兹曲线与 45° 线之间的面积为 A，洛伦兹曲线与两条直角线之间的面积为 B，以测量一个集中收入在个人或家庭之间的分配偏离完全平均分配的程度，得出了著名的 "基尼系数"，即：

$$G = \frac{A}{A + B} \quad (0 \leqslant G \leqslant 1)$$

从理论的意义上看，基尼系数 G 的范围是 0 ~ 1。当 $G = 0$ 时，洛伦兹曲线与 45° 线完全重合，收入分配完全平均；当 $G = 1$ 时，洛伦兹曲线与直角线完全重合，收入分配绝对不平均。

按照国际惯例，一个国家的基尼系数如果小于 0.2，即 $G < 0.2$，则表示该国家的收入分配处于绝对平均状态；如果 $0.2 \leqslant G < 0.3$，则表示收入分配比较平均；如果 $0.3 \leqslant G < 0.4$，则表示收入分配基本合理；如果 $0.4 \leqslant G < 0.5$，则表示收入分配差距较大；如果 $G \geqslant 0.5$，则表示收入分配悬殊。

3. 收入不良指数分析法

收入不良指数是先按收入高低进行收入分组，以 20% 最高收入人口的收入份额与 20% 最低收入人口的收入份额之比表示，该指数最低值为 1，指数越高，收入分配差距越大。

4. 收入范围系数

计算公式为：

$$R = \frac{1}{\mu} \ (y_m - y_1)$$

其中，R 代表收入范围系数，μ 代表全社会收入均值，y_m 代表全社会最高收入，y_1 代表全社会最低收入。这个指标反映了最高收入和最低收入之间的相对差距。显然，这个指标只考虑了最高收入和最低收入的阶层，没有考虑中间收入阶层，但是当信息不完全时，也是一个参考的标准。

5. 库兹涅茨比率

库兹涅茨在研究发展中国家和发达国家的收入分配时，提出了这个指标，是以某一或某些阶层的收入份额的变动来反映收入差别变化的。库兹涅茨比率是指各组家庭的收入份额与人口份额间差额的绝对值之和除以总人口数，如下所示：

$$K = \frac{1}{P} \sum_{i=1}^{n} \mid y_i - p_i \mid$$

其中，K 表示库兹涅茨比率，P 表示总人口数，n 表示组数，y_i 和 p_i 分别表示第 i 组家庭的收入份额和人口份额。满足：

$$\sum_{i=1}^{n} y_i = 100; \sum_{i=1}^{n} p_i = 100$$

6. 阿鲁瓦利亚指数分析法

以 40% 最贫穷人口的收入份额来表示，即阿鲁瓦利亚指数，这一指数的最高值为 0.4，指数越小，收入分配差距越大。

7. 五等分法

五等分指标是一种常见的测度收入不平等的指标，是将所有人口（或家庭）按照收入从低到高平均分为五组，每组人口数（或家庭数）所占的比例为 20%，计算各组收入占收入总额的比例。国际通用的有"五等分法"，即把居民分为最低收入组、次低收入组、中等收入组、较高收入组和最高收入组。另外，现在还有"七分法"，即将居民分为最低收入户、低收入户、中等偏下收入户、中等收入户、中等偏上收入户、高收入户、最高收入户。从各组的收入水平高低、增长速度变化，可以很方便地分析收入在不同居民群体中的分布情况。

8. 平均绝对离差

该指标把不平等作为总收入一部分的平均离差，表明不平等与平均收入的距离是成比例的。计算公式为：

$$M = \frac{1}{\mu n} \sum_{j=1}^{m} n_j \mid y_j - \mu \mid$$

其中，M 表示平均绝对离差，n 表示总人口，μ 表示全社会平均收入。该指标反映了社会每个人的收入与平均收入的差距的总水平。

9. 泰尔指数（Theil Index）

荷兰经济学家 H. Theil 在 1960 年运用信息理论提出一个可以按加法分解的测定收入不平等或差异程度的指数，即：

$$I(O) = \frac{1}{N} \sum_{i=1}^{N} \text{Log} \frac{\overline{Y}_i}{Y_i}$$

其中，N 为人口单位数，Y_i 是第 i 个单位的人均收入，$\overline{Y}_i$ 为 Y_i 的平均值，即：

$$\overline{Y}_i = \frac{1}{N} \sum_{i=1}^{N} Y_i$$

$I(O) = 0$，表示收入分配是相等的，$I(O)$ 越大，表示收入分配差距越大。如果将人口分成 G 组，则有：

$$I(O) = \sum_{g=1}^{G} P_g \times I(O)_g + \sum_{g=1}^{G} P_g \times \text{Log} \frac{P_g}{V_g}$$

其中，V_g 表示第 g 组收入在总收入中的份额，P_g 表示第 g 组人口在总人口中的份额，$I(O)_g$ 表示第 g 组内各单位的泰尔指数。该式右边的第一项表示组内的各单位间的收入差异程度，第二项表示各组之间的不平等程度。

泰尔指数不仅可以显示出总体的收入分配差距，还可以显示出各个组内部以及各个组之间的收入分配差距，进而可以反映出这些组内差距和组间差距对总体差距的影响。

10. 阿特金森指数（Atkinson Index）

阿特金森指数是从社会福利函数推导出来的，其公式为：

19

$$A = 1 - \left[\sum_{i=1}^{n} \left(\frac{Y_i}{\overline{Y}}^{1-e} \times P_i \right) \right]^{1/(1-e)}$$

其中，A 表示阿特金森指数，Y_i 表示第 i 组人口的人均收入，$\overline{Y}$ 表示所有人口的平均收入，P_i 表示第 i 组人口在总人口中所占的比例，e 表示社会对收入不平等的厌恶程度。e 越大，表示社会对收入分配问题重视程度越高。A 的取值范围为 $0 \sim 1$，A 越小，表示收入分配越平等，它强调了人们对收入不平等程度的厌恶大小。

11. 统计学指标

（a）极值差（R）

极值差又称为"全距"，反映样本值的变动范围，公式为：

$$R = Y_{max} - Y_{min}$$

式中，R 表示极值差，Y_{max} 表示最高收入，Y_{min} 表示最低收入。该方法只考虑最高和最低收入，难以准确地反映收入的不平等程度。

（b）最大最小系数（DR）

最大最小系数是最高收入与最低收入之比，公式为：

$$DR = Y_{max}/Y_{min}$$

式中，DR 表示最大最小系数，Y_{max} 表示最高收入，Y_{min} 表示最低收入。DR 值越大，表明收入分配不平等程度越高。

（c）变异系数（Variance Index）

因为标准差是非均值独立的，不能够满足收入不平等程度度量指标的基本性质，因而除去其均值的影响，即得到变异系数 V，公式为：

$$V = S/\overline{Y}$$

但是，变异系数的缺陷是赋予所有样本相同的权重，而忽略了样本中各收入组具有不同的重要性。

（d）加权变异系数

加权变异系数是在变异系数的基础之上给各样本赋予各自不同的权重。计算公式是：

$$S = \frac{1}{\overline{Y}} \sqrt{\sum_{i=1}^{n} (Y_i - \overline{Y})^2 \times P_i}$$

式中，P_i 为第 i 组人口（或家庭）占总人口的比重。一般来说，收入不平等指标可以按照不同的收入群体或者不同的收入来源来进行分解。

第四节　本章小结

收入分配问题是经济学界历来关注的一个重要问题，在经济学研究中的地位也显而易见。本章首先介绍了收入分配的基本概念。其次，将收入分配理论分为三大类：第一类是基于市场调节的收入分配理论，主要介绍了古典经济学和新古典经济学对收入分配的理论主张，他们主张由市场自身来调节经济中的一切行为，尤其是斯密提出的"市场是由一只看不见的手在调控的"，这个理论被奉为市场经济自由发展的经典理论，因此在收入分配中，他们也主张按照市场调节来进行分配；第二类是基于政府调节的收入分配理论，主要包括凯恩斯、新剑桥学派、福利经济学派、新制度经济学派等，他们认为市场在自动调节现实中存在的贫富差距时失效，因此，政府应该通过税收、福利措施、制度等手段承担起调节收入再分配的责任，减少收入不平等的状况；第三类是基于经济发展的收入分配理论，主要包括库兹涅茨、刘易斯、马克思等的收入分配理论，他们认为收入不平等是经济发展过程中的一个必经阶段，随着经济的发展，最后将达到收入分配差距的缩小。最后，简单介绍了测量收入分配不平等的各种指标、计算方法和分解方法。随着社会的发展以及生产力水平的不断提高，收入分配理论也在实践中不断地发展，任何一个理论的产生与发展都有其特定的时代背景及其局限性，因此我们在研究时，应采用历史的发展的眼光，根据实际情况"取其精华，去其糟粕"。

第二章　我国居民收入分配的研究综述

随着我国经济的快速发展，居民的收入分配问题不但没有随之好转，反而居民之间的收入分配差距越来越大。到目前为止，收入分配差距的程度不仅影响了居民的日常生活水平，而且也对经济发展的进程有显著的影响，进而可能会引发社会的不安定，因此收入分配问题已经成为目前需要重点解决的问题。近年来，我国经济学者对收入分配问题的研究也日益深入，下面将简要介绍我国学者对收入分配的研究成果，主要从我国居民收入分配的主要影响因素、收入再分配政策（税收、转移性支出、公共财政支出）等视角进行梳理。

第一节　居民收入分配的主要影响因素

我国拥有世界上总人口的 1/5，是世界上人口最多的国家，因此我国居民的收入分配问题将涉及较多人口的生活状况，该问题现已成为社会各界密切关注的热点问题。只有对居民收入分配问题进行深入的研究，才有可能找出解决收入分配问题的有效办法，目前影响收入分配的因素较多，诸如人力资本、劳动力流动、金融发展、对外贸易等，下面我们对近年来研究我国居民收入分配问题的主要影响因素的成果进行总结。

一　人力资本对收入分配的影响研究

教育是人力资本形成的最主要途径，大部分学者分析了教育扩展对收入分配的影响。赖德胜（1998）运用 49 个国家的数据，选择成人识字率、男性中等教育入学率和劳动者平均受教育年限作为衡量教育扩展的指标，选择收入基尼系数、收入最低20%人口占总收入的比例、收入最低40%人口占总收入的比例和收入最高20%人口占总收入的比例作为衡量收入分配的指标，验证了教育扩展与收入不平等变动之间存在倒"U"形关系的假设。研究发现，教育扩展是决定收入分配的重要因素。由于教育扩展的扩张效应与抑制效应的共同作用，在教育扩展的初期，收入不平等程度会提高，而到教育扩展后期，收入不平等程度则会逐渐降低，并提出扩张效应源于教育供给小于教育需求所导致的不同水平教育者之间工资差距的扩大，而抑制效应则源于教育供给增加之后的竞争效应和渗漏效应。于德弘和陆根书（2001）应用1996年的数据检验了高等教育扩展对收入分配的影响。该研究通过对我国29个省、自治区和直辖市的人均GDP、高等教育规模、6岁以上人口中接受过高等教育的人数及城市居民收入分配的基尼系数等数据的分析，探讨了高等教育规模扩展与收入分配之间的关系，结果表明，高等教育规模扩展对收入分配的平等化具有显著的积极影响，高等教育规模越大，收入分配就越平等。孙百才（2005）使用中国的经验数据从教育分配、教育收益率两个变量入手，分析了教育扩展对收入分配的影响，研究结果表明，中国教育扩展与收入分配之间存在倒"U"形的非线性关系，这说明教育分配对收入分配平等的影响是正向的，而教育收益率提高对收入分配平等的影响则是负向的。王云多（2010）指出受问卷调查对象教育水平分布的影响，不同教育水平劳动者的明瑟收益率存在一定的差异，他根据调查对象的工作年限与收入的关系，同时参照当代的人力资本收入函数，也就是通过在基础明瑟收入函数中加入工作年限变量的高阶多项式来提高收入函数的拟合优度的方法，讨论了我国劳动者教育水平和个人收入分配的关系，得出我国教育资本并没有得到合理的配置，存在教育资本浪费现象。

另有大部分学者基本上认为人力资本加剧了收入不平等。白雪梅（2004）利用1982～2000年的数据对中国的教育与收入不平等之间的关系进行了时间序列检验，主要结论是中国的教育与收入不平等间存在比较稳定的密切关系，教育不平等会加剧收入不平等，目前中国正处于平均受教育年限和收入不平等所呈倒"U"形曲线顶点的左侧，因此平均受教育年限的增加不是降低而是提高了收入的不平等程度。郭剑雄（2005）借鉴内生增长理论的相关文献，并运用实证分析的方法，试图将人力资本、生育率以及二者的互动影响作为观察和分析中国城乡收入分配差距的基本变量来研究城乡人力资本差异和生育率差异与城乡收入分配差距的内在联系。研究结果显示，相对于城市来说，农村地区的高生育率和低人力资本积累率所导致的马尔萨斯稳态是农民收入增长困难的根本原因；而城市部门已进入低生育率、高人力资本存量和积累率共同推动的持续增长均衡阶段。城乡收入分配差距的最终消除，从根本上来说，依赖于城乡之间的生育率水平、人力资本存量水平及其积累率的趋同。所以，城乡收入分配差距调节政策的主要着眼点应是提高农村居民的人力资本水平和降低其生育率。孙百才（2005）分析了中国的城乡教育差距和收入分配差距，根据城乡"文盲率"构造了城乡教育差距指数，使用2000年的跨地区截面数据对城乡收入分配差距指数（用城镇居民人均可支配收入与农村居民人均纯收入的比值来表示）进行了回归分析，计量结果表明，城乡教育差距可以很好地解释城乡收入分配差距，城乡教育差距指数的估计系数为正值（8.456），且在统计上是显著的。赵丽秋（2006）将理论和实证分析相结合，在人力资本理论和社会分层理论的基础上，建立从最大化个人效用出发的个体，同时考虑地域间房屋租金和子女教育质量的差异，选择居住地的OGM模型。首先，分析社会分层持续的条件和原因；其次，分析教育质量的不平等对收入不平等的影响；最后，对中国教育质量的不平等进行统计性描述，并估计了区域性教育质量不平等对收入不平等的影响，发现教育质量差异对收入差异影响显著，而教育年限差异的影响对非东部地区的收入差异是不显著的，而对东部地区是显著的。谢勇（2006）构造了一个分析框架，认为在资本市场不完善、人力资本投资支出过高以及人力资本拥有较高收益率等前提下，父辈之间初始的收入不平等会导致他们子女之间的人力资本差异，而这种差异又会导致在子女之间形成新一轮的收入不平等，从而收入不平等在代际得以动态化和长期化，并根据中国的现实，进行了相关的分析和讨论，认为收入不平等可能会以人力资本为中介在代际进行传递，故应以互动的眼光看待人力资本与收入不平等的问题。张海峰（2006）采用类似于内生增长生产函数形式的收入函数，利用26个省份7年的混合横截面数据（1997~2003年）估计了教育不平等给城乡收入分配差距带来的动态影响。研究发现，城乡间受教育程度差异显著地影响收入分配差距的扩大，并且随着市场化改革的深化，这种影响一直在增强。城乡收入分配差距与教育差距的系数表明，教育差距每上升1%将提高城乡人均收入0.4个~1.4个百分点，教育差距与年份虚拟变量的交叉项的系数随着年份的增加呈上升趋势（尽管1998年是个例外，但它在统计上是不显著的），表明教育差距在收入分配差距扩大中的作用越来越重要。基于分析的结论，有理由认为教育不平等是当前我国城乡收入分配差距扩大的重要原因，如果教育等人力资本投资的不平等状况得不到根本性改变，那么在今后几年中收入分配差距继续扩大的趋势可能在所难免。刘敏楼、宗颖（2007）从人力资本投资的角度探讨了影响城乡收入分配差距的因素，通过1990年和2000年的省际截面数据分析，研究认为：城乡基础教育的普及程度比较高，在城乡之间没有太大的差距，故不是形成城乡收入分配差距的原因；而在1990年高等教育人力资本投资的增加会降低城乡收入分配差距；2000年人力资本投资和城乡收入分配差距的关系为"U"形关系，即开始阶段人力资本投资规模的扩大会缩小城乡收入分配差距，高等教育规模的不合理和无序扩大，反而会引起城乡收入分配差距的扩大。杨俊等（2008）基于内生增长理论，构建了联立方程组模型，采用教育基尼系数衡量教育不平等，研究教育不平等与收入分配的作用机制及方向。研究结果表明：①收入分配差距导致教育不平等，教育不平等的改进却没能缩小收入分配差距，教育不平等与收入分配差距并非简单线性关系，但教育扩展有利于教育和收入不平等的改善；②教育通过人力资本传导机制与收入分配之间发生联系，但其不会自发形成"教育平等←→收入平等"的良性循环；③长期内教育不平等的程度降低并没有改善收入不平等，但收入不平等程度的提高在当期就能加剧教育不平等的程度；④目前教育投入的水平、城市化进程并没能有效地改进教育不平等。周绍东（2008）认为家庭内部的生育水平与人力资本投资强度的逆向关系是促使我国城乡经济增长和收入分配产生差距的重要原因之一，在强调人力因素的质量特征对城乡差距影响的同时，不能忽视人力因素数量特征的作用。他通过对中国1993~2005年的时间序列数据和面板数据进行实证分析，得出正是农村家庭对子女数量较多的偏好所产生的对子女质量提高的抑制作用，使得农村长期处在高生育率、低人力资本投资水平和低增长率的"马尔萨斯陷阱"之中，影响了农村居民的收入分配。王弟海、吴菲

（2009）从理论上分析了能够导致我国收入分配产生持续性不平等和加剧的机制，并在此基础上分析了现阶段导致我国收入分配不平等持续恶化的可能原因，最后得出的结论是：我国的垄断以及由此导致的持续寻租和非法性收入、户籍制度引起的城乡分割和地区分割、各种不完备制度的改革所造成再分配的持续不公平、自费教育制度的改革所引起的人力资本积累不平等因素可能是导致目前我国收入分配不平等的主要原因。

二 劳动力流动对收入分配的影响研究

关于城乡劳动力流动对收入分配影响的研究，不同的学者得出了不同的结论，有的认为劳动力流动缩小了收入分配的差距，有的认为劳动力流动规模与收入分配的不平等同时扩大，也有坚持其他不同的观点。下面我们分别进行梳理。

部分学者认为劳动力流动缩小了收入分配的差距。李实、赵人伟（1999）和李实（1999）进一步研究了劳动力流动对收入分配产生的效应，认为农村劳动力流向城镇就业有利于增加农民收入，而且就全国而言还会抑制城乡之间、地区之间、农村内部居民之间收入分配差距的扩大，对抑制城乡居民收入分配差距的扩大发挥积极的作用。马忠东等（2004）运用我国 2000 年的普查数据以及分县的时间序列数据，研究分析了人口流动的趋势及其对当地的劳动力和农村居民收入增长的影响。结果发现，近年来大量农村地区劳动力的流出已成为其收入的一个新的增长点，正在逐步发挥其消除贫困、制约地区收入分配差距的作用，因此，将促进农村地区的劳动力流动作为促进农村发展的阶段性战略，或许要比在不发达地区发展农村工业化更有效。姚枝仲、周素芳（2003）首先从理论上论证了劳动力流动对缩小城乡收入分配差距的决定性作用，并利用 Taylor 和 Williamson（1994）的方法使用 1990 年中国人口普查资料，估计了中国劳动力流动对地区收入分配差距的影响，认为区域间劳动力流动除了能使地区间要素收入相等以外，还能消除地区间要素禀赋差异，最终实现地区间人均收入均等。王德等（2003）估计了 1985～2000 年中国人口迁移对地区收入分配差距的影响，通过比较在人口迁移下的实际基尼系数和不存在人口迁移下的基尼系数，发现人口迁移使这些省份的 Gini 系数降低 1.6%～7.5%，认为人口迁移有助于缩小地区收入分配差距，还验证了省际人口流动对地区收入分配差距的形成确实起到延缓作用。王小鲁、樊纲（2004）认为中国的劳动力迁移可以缩小地区收入分配差距，主要通过两个途径：一是中西部地区低收入的劳动力外流，会缓和这些地区农村人口对土地的压力和就业压力；二是劳动力流动还为中西部地区带来了大量的汇款。樊纲、王小鲁（2005）通过使用中国改革基金会国民经济研究所在2004年组织的全国范围内农民工劳动力转移的抽样问卷调查数据，进行了分析和研究，结果认为：跨地区的农民工流动，明显地缩小了地区间居民的收入分配差距，同时也缩小了城乡间居民的收入分配差距；但由于我国劳动力流动仍受到户籍制度等诸多方面因素的限制，劳动力流动目前还没有对缩小地区差距发挥应有的更大的作用。林毅夫（2006）研究中国的地区收入不平等与劳动力转移时，认为应从劳动力要素配置的角度研究外出务工农村劳动力对家庭收入增长的积极影响，进而有效抑制城乡之间、地区之间收入分配差距的拉大。20世纪90年代不断增加的劳动力迁移，对于缩小地区收入分配差距是不充分的，主要是因为持续推动地区收入分配差距扩大的力量和劳动力迁移的限制依然存在。郎永清（2007）指出农村劳动力的流动对缩小城乡收入分配差距是非常关键的，并且指出，为了实现缩小城乡收入分配差距的目标，在推动农村劳动力流动的同时，还要注意农村劳动力流动数量与农村人力资本流动的均衡，尽量降低农村劳动力流动对农业生产活动和农村经济发展的消极影响。张世伟等（2007）以吉林省农户调查的数据为样本，应用经济计量方法分析了农村劳动力流动的收入分配效应，经验研究发现，农村劳动力流动虽然扩大了农村内部的收入分配差距，但明显提高了农村居民的收入水平，增加了农村社会福利，在一定程度上抑制了城乡收入分配差距的扩大。蒲艳萍（2010）运用国家社会科学基金课题组2010年初在西部地区289个自然村有无外出务工户的调查问卷及2000~2007年西部各省际单位的面板数据为研究样本，就劳动力流动对农村居民收入的影响效应进行统计与实证分析。结果发现，西部地区农村劳动力流动对增加农村居民收入、缓解农民家庭贫困、改善农民家庭福利状况具有积极效应。劳动力流动、农村固定资产投资、经济增长及农村人力资本提高等因素对西部地区农村居民人均纯收入均具有积极影响，其中，区域经济增长对农民增收作用最大。贺秋硕（2005）将劳动力的流动引进新古典增长模型，对于一个拥有一定资本密度的小型开放经济体而言，当它低于稳态时，劳动力的迁出会加快收入收敛的速度，但同时会对整体资本投资产生抑制作用；在收入水平相对较低时，这种抑制作用会超过其正面作用，从而劳动力流动会减缓收入收敛的速度；但从长期来看，随着劳动力流动性的提高，正面作用最终会占据主导地位，从而劳动力的无限自由流动会最终导致收入收敛于稳态。

劳动力流动扩大了居民收入分配的差距。Justin 等（2004）分别研究了中国 1985～1990 年和 1995～2000 年两个阶段劳动力流动与居民收入分配差距的关系，发现在 1985～2000 年，随着跨省份劳动力流动规模的扩大，我国沿海地区和内陆地区收入分配差距也在不断地扩大，分析其原因主要是：一方面，经济的快速增长相对于东部地区农业占较大比重的内陆地区而言较为不利；另一方面，我国目前存在的各项限制劳动力流动的政策导致其没有达到缩小地区收入分配差距的目的。冯虹、王晶（2005）认为，人口从农村向城市的流动从长期看有利于优化资源配置和城市化发展，但短期内会增加就业压力、推进劳动力市场的分化、使进入城市的农民被边缘化，从而会扩大城市里原有劳动力与进城劳动力的收入分配差距。钟笑寒（2006）研究了不同劳动力的技能差别和职业分离以及工资差异之间的关系，研究结果为，劳动力流动有可能导致城乡之间乃至城镇内部居民工资差距的扩大，但也认为这种收入分配差距的扩大在一定程度上有利于资源的优化配置，这是一种"帕累托的改进"。赵伟和李芬（2007）对劳动力进行了高低技能的区分，认为高技能劳动力的流动所产生的积聚力量要远大于低技能劳动力的流动，高技能劳动力流动的地区积聚力量更倾向于扩大而不是缩小地区收入的差距。陈静敏等（2008）认为，在我国城市化和农村劳动力流动的进程中，劳动力市场的城乡分割、各种歧视性和限制性制度、户籍障碍等都使得农村流动劳动无法在城市中享受与城市居民同等的社会保障和受教育权利，导致农村流动劳动力的实际收入长期处于较低水平，人为地扩大了城乡收入分配差距。钟笑寒（2008）假设把农民工看成一个独立的群体，从理论上讨论了农民工进城对于以基尼系数衡量的收入不平等的影响，证明我国的城乡移民与以基尼系数衡量的收入不平等之间不存在经典经济学认为的简单的相关关系。研究表明，农民工进城并不总是减少收入不平等，特别是在城乡移民早期，很可能增加收入不平等。本书还讨论了农民工进城以及户籍改革对于城镇内部、农村内部和城乡之间收入不平等的影响。朱长存等（2009）强调了农村地区劳动力向城市地区转移过程中存在的广泛的人力资本的外溢性，认为农村的劳动力向城市地区转移过程中存在农村向城市的庞大的价值转移，并认为超过40%的城乡居民的收入分配差距是由此形成的。邢春冰（2010）利用 DFL 的框架构造反事实收入分布，根据2002年的 CHIP 数据，研究了中国居民的迁移、自选择与收入分配，在研究中主要强调两个事实：第一，农村居民并非同质，他们根据自身的特征决定迁移与否；第二，那些成功地改变了户籍身份的永久移民与没能改变户籍身份的临时移民之间有显著的差异。结果发现，迁移对城乡收入分配差距和城乡内部不平等正产生着深远的影响，而这种影响关键取决于谁在迁移以及他们的迁移模式。永久移民的"正选择"效应非常明显，它使得农村地区教育水平提高、处于收入分布较高位置的样本减少。这导致农村的收入水平和农村内部的不平等程度降低，但阻碍了城乡差距的缩小。相反，临时移民的选择效应几乎可以忽略不计。

劳动力流动缩小收入分配差距的效果不明显。李实（2003）指出农村劳动力的流动有助于缩小富裕地区和城市内部的收入分配差距，但扩大了贫困地区和农村内部的收入分配差距，农村劳动力的流动对城乡收入分配差距缩小的作用甚微。蔡昉（2005）从中国劳动力的流动与居民收入分配差距同时扩大的现象出发，认为劳动力迁移能够缩小城乡或地区收入的差异，只有在反映农业劳动力向非农产业转移的结构性变化的这种迁移，才能够缩小城乡收入分配差距，那些劳动力流动发生在同质性的流出地和接收地间的迁移，由于两个地区或两个劳动力市场之间并不存在工资效率的差异，劳动力在这种地区间流动不能反映这种结构性的变化，也就不能产生缩小城乡收入分配差距的效果。但是我国的实际情况与其中的一些条件不相符，尤其是我国的户籍制度把城乡区域的劳动力市场人为隔绝，农村劳动力流动大多数以暂时性的流动替代了永久性的迁移，这种分割虽然导致劳动力流动规模不断地扩大，但没有带来城乡居民收入分配差距的相应缩小。贺秋硕（2005）根据改进的新古典增长模型，研究了劳动力流动与居民收入收敛的关系，认为以前的研究成果虽然证明了劳动力流动对收入收敛具有正面的效应，但是忽略了其对收入收敛的负面作用。最后得出结论，认为在开放经济条件下，小国经济处于稳态之下时，劳动力流动对收入的收敛会产生负面的影响。

劳动力流动没有缩小收入分配差距的原因。Whalley 和 Zhang（2004，2007）将 Shoven 和 Whalley（1984）的国际贸易模型引入我国收入不平等的研究：首先，在研究中分别假定各地区劳动力的同质性、各地区劳动力效率的差异性以及城乡地区住房价格的差异等不同条件得到了三个不同的模型；其次，在模型中又分别考虑了两个地区、三个地区、六个地区和31个省份等不同情况；最后，经过模拟分析，得出一致的结果，就是若取消了阻碍城乡劳动力流动的户籍制度，将对消除地区、城乡收入的差异有显著的贡献，户籍制度是导致我国收入不平等的一个重要原因。姚上海（2008）认为当前我国农村劳动力流动呈现劳务东进、资金西流、回流资金使用效益低的新特征。农村流动劳动力每年打工回流家乡的资金总额数以千亿元计，但大部分回流资金缺乏投资引导，使用效益较低，绝大部分回流资金投向生活消费领域，农业科技投入不足、农业产业化发展资金积累不足、农业基础设施建设落后、农村公共设施缺乏，这不仅影响了农村的经济发展，而且不利于解决城乡收入分配差距扩大的问题。蔡昉、王美艳（2009）通过对劳动力流动政策改革的回顾，从逻辑上质疑了城乡收入分配差距不断扩大的说法，并利用2005年的1%人口抽样调查数据进行计算，证明如果涵盖全部流动劳动力及其家庭的收入，城乡差距并非像观察到的那么大，并认为劳动力流动没有缩小城乡收入分配差距的原因在于，现行的调查制度不能覆盖"常住流动人口"，从而在住户统计中低估了这个群体的收入，造成城市收入水平的夸大和农村收入水平的低估。张卓妮、吴晓刚（2010）利用2005年全国1%人口抽样调查数据研究中国各地区农村劳动力流动和地区内部工资性收入不平等的关系。中国地区间的差异是个人工资收入不平等最突出的决定因素，而地区内不平等程度受地区间人口流动、地区人力资本存量、产业和单位所有制结构差异等影响，存在很大的差别。农村劳动力人口的迁入有助于降低地区内的收入不平等，而迁出则起相反的作用，而且这两种作用在县、县级市和市辖区间存在显著差别。在研究中国劳动力流动与地区内和地区间的不平等关系时，应该从迁入、迁出两个角度分析其影响，并将城乡分割的二元劳动力市场状况考虑进来。

三 其他因素对收入分配的影响研究

(一) 金融发展对居民收入分配的影响

我国关于金融发展与收入分配关系的研究起步较晚，到 21 世纪初才开始，在研究金融发展与居民收入分配关系上，大多数学者都集中在金融发展与城乡收入分配差距的问题上，所持观点主要如下。

金融发展缩小了收入分配差距。姚耀军（2005）根据我国 1978～2002年的数据，基于 VAR 模型分别进行了单位根检验、协整分析和格兰杰因果关系检验，对我国金融发展与城乡收入分配差距的关系做出实证研究。结果表明，金融发展与城乡收入分配差距存在一种长期均衡关系，金融发展规模与城乡收入分配差距正相关且两者具有双向格兰杰因果关系，而金融发展效率与城乡收入分配差距负相关且两者也具有双向格兰杰因果关系。刘忠群等（2008）利用 1978～2006 年的省级面板数据，以银行贷款总额占同期 GDP 的比重作为衡量金融发展水平的指标，检验了中国金融发展对农民收入增长的影响，结果显示：金融发展对农民收入增长具有显著的正向影响，但金融中介的低效率阻碍了金融发展对农民收入促进作用的进一步提升。另外，中国财政支农资金的增加并没有促进农民收入水平的提高，反而起到了抑制作用。陈志刚、师文明（2008）利用 1990～2004 年的中国省级面板数据，运用广义最小二乘法（GLS），分别建立无个体影响的不变系数模型和含有个体影响的变系数模型，实证分析了中国区域金融发展、人力资本和城乡收入分配差距的关系，发现金融发展缩小了城乡收入分配差距。汪建新、黄鹏（2009）利用中国 29 个省区 1999～2007 年的面板数据研究了金融发展对收入分配的影响，结果表明，金融发展有助于优化资源配置的效率，降低城镇居民之间收入分配的不平等程度，它们两者之间存在线性关系，但并不存在"库兹涅茨假说"的倒"U"形关系。苏基溶、廖进中（2009）利用 2001～2007 年中国省际面板数据，运用系统的广义矩估计方法（GMM），研究了金融发展对收入分配和贫困的影响。结果表明，中国的金融发展更有利于贫困家庭收入水平的提高，显著地减少了收入分配的不平等。金融发展使贫困家庭收入的增长率大于人均 GDP

的增长率，贫困家庭的收入增长大约有31%可以归因于金融发展的收入分配效应，而其余的69%可以用金融发展的增长效应解释。另外，在非农产业比重高的省份，金融发展扩大了收入分配差距，并且降低了贫困家庭相对收入的增长率。刘用明、杨小玲（2010）从乡镇企业融资的角度讨论了金融发展和收入分配的关系，认为增加乡镇企业的信贷支持，促进乡镇企业发展对于解决农民就业、提高农民非农收入、缩小城乡收入分配差距起到重要的作用，但乡镇企业融资难是制约其发展的重要因素。

金融发展扩大了收入分配差距。章奇等（2003）研究了中国的金融中介增长与城乡收入分配差距的关系。他们在分析中国的金融体系影响城乡收入分配机制的基础上，用银行信贷占GDP的比例来衡量各省份金融中介发展水平，对中国各省份的银行信贷和城乡收入分配之间的关系进行了分析。结果发现，以全部国有及国有控股银行信贷水平所衡量的金融中介发展显著拉大了城乡收入分配差距，而且，金融机构在向农村和农业配置资金方面缺乏效率。温涛等（2005）利用我国1952~2003年的数据，对整体金融发展、农村金融发展与农民收入的关系进行了实证分析，认为中国金融发展对农民收入增长有显著的负效应，农村金融发展也没能促进农民收入增长。张立军、湛泳（2005）从金融发展的角度分析了城镇居民收入分配差距的扩大问题，认为在我国金融市场不发达的情况下，享受金融服务需要一定的成本，不同收入阶层享受不同的金融服务，高收入阶层比低收入阶层享受更多的金融服务，拥有更多的金融资源，可能把一部分金融资金投资于高收益率的产品上，从而提高了高收入阶层的收入，另外高收入阶层更容易获得融资支持，这将进一步扩大高低收入阶层的差距，因此金融发展进一步扩大了城镇居民的收入分配差距。张立军、湛泳（2006a）以农村自身经济发展层面为出发点，利用1978~2004年的相关数据分析了农村金融发展与城乡收入分配差距之间的关系，研究发现，农村金融发展扩大了城乡收入分配差距，其原因主要是农村资金的不断外流和非正规金融的不规范发展加剧了城乡收入分配差距的扩大。王虎、范从来（2006）利用1980~2004年的实际数据实证研究了金融发展与农民收入之间的相关性和影响机制，发现金融发展对农民收入有促进作用，但是金融中介的发展也显著拉大了中国城乡收入的差距。杨俊等（2006）采用1978~2003年的全国时间序列对我国金融发展与全国、城镇、农村以及城乡居民收入分配的关系进行了实证研究。结果显示：①我国金融发展与全国、农村以及城乡居民收入分配之间存在单向因果关系，但与城镇居民收入分配之间的因果关系不显著；②我国金融发展显著提高了全国、农村以及城乡居民收入不平等的程度，主要与我国金融发展滞后有关；③金融发展与全国居民收入分配差距的实证结果具有鲁棒性，金融发展显著且稳定地扩大了全国居民收入分配差距。陈伟国和樊士德（2009）、翟立宏和徐志高（2009）分别采用双向固定效应模型、工具变量法、一般动态矩估计方法等，使用我国1978～2006年省级面板数据对金融发展与城乡收入分配差距进行了考察，结果表明，当前我国的金融发展规模显著拉大了城乡收入分配差距，城乡金融发展的差异也加剧了城乡居民的收入差异。

另有部分学者认为金融发展对收入分配差距的影响并不显著。陆铭、陈钊（2004）使用省级面板数据对影响城乡收入分配差距的因素进行实证研究，在研究城市化对缩小城乡收入分配差距的作用时，将金融发展水平作为模型中的控制变量，研究发现，金融发展水平对城乡收入分配差距的影响并不显著。沈坤荣、方文全（2005）利用中国1978～2003年的数据，研究发现，中国的收入分配差距与金融发展存在服从库兹涅茨倒"U"形曲线的相关关系。刘敏楼（2006）利用中国的地区截面数据，分析了金融发展与收入分配的关系，得出结论：金融机构的发展对以城乡居民收入比为代表的中国收入分配的影响呈现倒"U"形关系，但以金融产业增加值与GDP的比重为代表的金融贡献指标和收入分配之间的关系不能确定。Liang（2006）运用中国1986～2000年的省级数据检验了金融发展与城市居民收入分配的关系，结果显示，中国的金融发展显著地降低了城市收入分配的不平等程度，但是城市内不断增加的失业又抵消了金融发展带来的好处。尹希果等（2007）采用1978～2004年的中国省级面板数据，运用面板单位根和VAR模型检验了金融发展与城乡收入分配差距之间的关系。结果表明，东西部地区市场化水平的差异，使得金融发展和城乡收入分配差距呈现非完全一致的关系，从而否定了二者之间长期均衡关系的存在。但在一阶差分VAR模型估计的基础上进行的因果检验表明，西部地区金融发展显著地构成了城乡收入分配差距扩大的格兰杰原因，然而这种因果关系在东部地区并不成立。陈志刚、王皖君（2009）利用我国1986～2005年的时间序列数据，从规模扩张、效率提升和结构完善三个方面，采用格兰杰因果检验、协整回归对金融发展与中国收入分配的关系进行实证检验。结果表明：金融对我国的城乡收入分配差距有重要的影响，金融规模的扩张、经济增长提高了全国居民收入基尼系数和城乡收入比率，而金融效率的提高、教育水平的提升则降低了城乡收入比率。刘纯彬、桑铁柱（2010）的研究通过一个理论模型分析了农村金融市场的不完善导致农村收入分配差距扩大的过程，并利用我国 1978 ~ 2008 年的时间序列数据，通过协整分析、误差修正模型、格兰杰因果关系检验等手段，对农村金融深化与农村收入分配进行了实证检验。结果表明：农村金融规模扩大在长期中将缩小农村收入分配差距，而农村金融中介效率的提升将扩大农村收入分配差距。短期内的动态关系与长期基本保持一致，但影响并不显著。农村金融发展的两个指标与农村收入分配的因果关系存在差异。

（二）对外贸易对居民收入分配的影响

关于贸易与收入分配关系的研究，不同学者持有不同的观点，大部分学者认为贸易扩大或缩小了收入分配差距，也有认为贸易与收入分配之间存在"U"形或倒"U"形关系或者其他不确定性。下面我们进行简单回顾和介绍。

部分学者认为贸易降低了收入分配的不平等程度。Wei 和 Wu（2001）调查了中国约 100 个城市（城区以及附近的农村、县城）1988 ~ 1993 年的数据并进行案例研究，把整个收入不平等分为城乡不平等、城市内部不平等以及农村内部不平等三类。根据中国的总量统计数据，可以发现开放程度提高的同时似乎也增加了社会的不平等。但他们认为这是一种错误的表象，其他因素如通货膨胀都可以解释不平等程度加深的原因，同时发现，以贸易依存度（进出口总额/GDP）表示的对外开放水平越高的城市，城乡收入不平等程度下降得越快。也就是说，对外开放有利于缩小收入分配差距而不是加大了收入不公平。徐水安（2003）运用一个动态两要素模型分析了贸易自由化对个人收入分配不平等的影响，并从城市工业经济和农业经济两个方面考察了加入 WTO 后我国个人收入分配不平等的变化。研究发现：①在我国这样一个劳动充裕、资本相对稀缺的发展中国家，贸易自由化后，依照要素禀赋所决定的比较优势，我国将更多地出口劳动密集型产品，进口资本密集型和人力资本密集型产品，从而使劳动的相对收益上升、个人的收入分配差距得以缩小；②由于农业经济中土地资源贫乏，贸易自由化的结果是劳动密集型的农产品出口增加、价格上升，土地密集型的农产品价格下降，从而工资与土地租金的比率上升，农业人口的收入不平等程度下降。故总的来看，入世后我国收入分配的不平等程度会有所降低。

部分学者认为贸易提高了收入分配的不平等程度。赵莹（2003）从对外贸易和外商直接投资两方面研究了中国的对外开放对个人收入分配差距的影响。从理论角度分析，贸易开放会缩小中国居民的收入分配差距，而FDI则会扩大收入分配差距，从这点来看，对外开放对收入分配差距的影响是不确定的。但考虑到技术进步的因素，技术进步将使技术工人的相对工资上升，从而扩大收入分配差距。最后她通过实证检验也发现中国的FDI和贸易开放都会扩大中国居民的收入分配差距。翟银燕、孙卫（2004）引用并扩展了钱纳里的增长因素分解模型，推导出劳动者报酬增长模型，并利用我国1997~2001年进出口额和投入产出率等数据，研究国际贸易、技术变化等对劳动者报酬和收入分配的影响。结果表明，在个人收入分配差距扩大中，技术变化对收入分配不均具有扩大作用，对出口有较小的扩大作用，而对进口则有微弱的扩大作用。戴枫（2005）根据1980~2003年的数据运用格兰杰因果关系检验和乔根森协整检验法，检验了贸易自由化与收入分配不均之间的相关性。检验结果表明，中国贸易自由化过程中贸易条件呈恶化趋势，贸易依存度与我国收入分配不均程度存在长期稳定的因果关系，贸易自由化程度的加深会扩大收入分配差距。赵红霞（2005）梳理了近年来贸易对一国整体收入水平及对国内收入分配差距的影响，认为尽管各理论分析角度、模型设计以及数据运用各不相同，但结果趋向一致，即自由贸易会带来一国整体收入的提高，但也会导致收入分配差距的扩大。王少瑾（2007）利用我国1991~2004年的省际面板数据，分析了对外开放与收入分配不均的关系，以城乡居民收入之比作为各地区收入分配不均的度量指标，使用固定效应模型，研究结果发现，进出口总额的增加与外商直接投资的大量进入提高了我国收入的不平等程度，进出口总额占GDP的比重越大，收入分配就越不均衡，其中出口额的增加会使收入分配不平等程度降低，而进口额的增加则会导致收入分配不平等程度增加，因此进口成为收入分配不平等的主源。鲁晓东（2008）根据中国21

个省区市 1995～2005 年的面板数据，研究要素禀赋、贸易开放度对个人收入分配的影响。研究发现：对外贸易显著地影响了中国的收入分配状况，其是造成收入分配差距拉大的主要原因之一，对外贸易的收入分配效应呈现出城乡、地区差异性，对外贸易与不同的要素禀赋结合对收入分配所产生的联合效应存在较显著的差异。王中华、梁俊伟（2008）根据发达国家与发展中国家之间垂直型贸易链的加深现状，构建一个连续投入品模型，分析国际垂直专业化对收入分配不平等影响的机制。结果表明：随着我国对外开放、参与国际垂直专业化分工程度的加深，国际垂直专业化对中国收入分配差距扩大有较显著的积极作用。他们通过实证检验也发现收入分配差距与国际垂直专业化分工有着长期协整关系，深入地参与国际垂直专业化分工，也将显著地扩大收入分配差距。

另外还有部分学者对贸易与收入分配的其他观点。何璋、覃东海（2003）根据中国的跨省份数据分析开放程度与收入分配不平等的问题，实证研究发现：以贸易依存度所表示的开放程度与收入分配不平等之间不存在线性关系，呈现一种凹形即"U"形的图示关系，也就是在开放程度较低的时候，其有利于缩小收入分配差距；在开放达到了一定程度以后，其会扩大收入分配差距。以外商直接投资/GDP 的比值所表示的开放程度与收入分配之间则存在明显的负向关系。胡昭玲（2004）认为经济全球化与收入不平等之间不存在确定的关系。经济全球化不是影响收入不平等的唯一因素，经济全球化的不同方面会对不同国家以及同一国家内部不同群体的收入分配产生不同的影响。但从总体来看，经济全球化能在一定程度上缩小国家间的收入分配差距，而对一国内部收入分配的影响却是两方面的，能否成为全球化的受益者关键在于参与全球化的程度。徐水安、翟桔红（2003）运用一个动态两要素模型分析了贸易自由化对收入分配不平等的影响效果，并从贸易比较优势和技术进步两个角度考察了加入世界贸易组织后我国居民个人收入分配差距的变化，结论表明，加入世界贸易组织后，我国收入不平等的变化是不明确的。胡超（2008）利用我国 1985～2005 年的时间序列数据，实证研究了对外贸易与收入不平等的关系，结果发现，对外贸易与收入不平等是一种倒"U"形的关系。1985～2004 年的对外贸易提高了我国的收入不平等程度，之后则降低了收入不平等程度。

（三）多种因素对居民收入分配的影响

收入分配不平等的形成实际上并不是由单一的因素引起的，而是多种因素共同作用的结果，我国学者对收入分配采取多种因素分析的研究如下。

李实和赵人伟（1999）将影响我国收入分配的因素分为三大类，即经济发展、经济改革或制度变迁以及经济政策及其变化（其中每类因素又包括若干个变量），分析结果显示，各种因素对收入分配差距的效应，既有扩大的一面，又有缩小的一面。但在过去的 10 多年里，扩大效应起了主导作用，所以收入分配的差距总体来说是扩大的。

马晓河（2003）对我国高收入者和低收入者之间的收入不平等程度进行了分析，认为 20 世纪 90 年代以来我国居民收入的不平等程度越来越严重，在农村和城市内部，低收入群体和高收入群体的收入分配差距是不断扩大的，高收入群体占有的收入份额在迅速上升，而低收入群体占有的收入份额在不断下降；在城乡之间，收入分配结构也在向有利于城市居民方面变动，城乡居民收入分配差距不断扩大，城市居民占有的收入份额越来越大，而农民占有的收入份额却不断变小。造成收入分配不平等程度日益严重的既有产业结构变动因素，也有体制改革和宏观经济政策调整因素。

刘社建和徐艳（2004）分析了城乡居民收入分配差距形成的原因及提出了对策，认为城乡收入分配差距扩大的原因是多方面的，既有城乡二元经济结构、工农业产品"剪刀差"等因素，又包括城乡居民人力资本差异与收入分配制度等因素，并提出可以通过推进城乡一体化实现"五个统筹"、加大农村教育投入、促进农村剩余劳动力顺利转移与构建完善的农村社会保障体系等措施。

王小鲁、樊纲（2005）将影响收入分配的因素分为经济增长、收入再分配和社会保障、公共产品和基础设施的提供以及制度四个方面，共计 21 个变量。同时，他们采用省际面板数据对其进行了详细的分析。

贾小玫和周瑛（2006）全面分析了现阶段我国收入分配的差距以及引起收入分配差距的原因：①城乡收入分配差距现象是经济增长过程中的必然现象；②我国城乡二元经济结构的持续存在；③农业整体收入偏低限制了农民收入的增长；④其他如城市化发展之后，收入分配制度的影响等。

罗楚亮（2004）以住户调查数据为基础，利用泰尔指数分解、G·Fields 分解、Blinder 分解、分位数回归分解等多种方法讨论了 1988 年、1995 年和 2002 年"城乡"因素（人力资本、城乡分割、城乡制度壁垒等）对城乡居民收入分配差距的贡献。这些分解结果表明，我国的城乡居民收入分配差距比较显著并且在不断扩大，这种城乡居民收入分配差距尤其不利于农村居民中的低收入人群。

胡浩志（2008）利用 1978～2006 年的时序数据，运用偏最小二乘回归（PLS）方法，对影响我国城镇各阶层收入分配公平性的因素进行了实证分析。研究结果表明，不管是从城镇低收入阶层的角度分析，还是从城镇高收入阶层的角度分析，有利于收入分配公平性的因素都是一样的，即主要有经济增长率、第一产业就业比重、教育支出水平、政策性补贴水平等 8 种因素，而不利于收入分配公平性的因素主要有市场化进程、城市化水平、工业化程度、经济发展水平等 13 种因素。其中，金融规模和城市化水平对收入分配公平性的影响最为显著，经济增长率的影响最弱。

姜玮（2010）分析了我国居民收入分配差距的特点如下：政府积累的财富比重越来越大；行业间收入分配差距与不同群体间收入分配差距过大的情况呈加速化倾向；富人相对越来越富，贫困者相对越来越贫困，中间阶层负担沉重；资源要素分配不公，资本分配过多、劳动分配较少；垄断行业收入过高，存在"身份决定收入"的现象；"灰色收入""黑色收入""血色收入"的存在加剧了社会分配不公。目前居民收入分配差距扩大的因素也是多种多样的：既有市场经济发展规律因素，也有市场化程度不高因素；既有自然条件、历史条件因素，也有政策导向、行业垄断因素；既有宏观调控失灵因素，也有规则缺失因素。适度收入分配差距的存在，有利于鼓励人们勤劳致富，能对经济增长起到促进作用。但是，收入分配差距过大会引发诸多的危害，尤其是不合理因素引起的收入分配差距，会对经济社会发展造成严重影响，与社会公平正义的目标背道而驰。

第二节　税收与收入分配

税收是调节个人收入分配的重要手段，关于税收和收入分配的关系的研究，我国学者分别从理论和实证上进行了大量的研究，下面我们对其进行简要的回顾。

一 税收调节收入分配的理论分析

在税收调节收入分配的理论分析上，一部分学者分析了税收调节收入分配的功能定位，另一部分学者则侧重于分析税收调节收入分配功能弱化的原因和对策。

一部分学者研究了我国税收调节收入分配的功能定位。霍军（2002）指出国民收入分配是由国民收入初次分配、再分配和第三次分配 3 个层面共同组成的复杂系统和过程。经济公平与税收中性是税收分配在国民收入初次分配中的定位及效用，社会公平与税收调控是税收分配在国民收入再分配中的定位及效用，伦理公平与税收豁免是税收分配在国民收入第三次分配中的定位及效用，并用国际标准对我国目前的收入分配差别做了基本判断，并借鉴税收调节收入分配的国际经验，提出了重构税收分配调节机制，实现居民收入分配合理化政策建议。马国强、王椿元（2002）指出税收是政府调节收入分配的重要手段，我国政府应从逐渐扩大税收收入的规模、完善个人所得税的征管模式、提高直接税所占税收总额的比例、改革财产税的税基、扩大消费税的征税范围、加强税收征管等方面入手，逐步缩小收入分配差距。中国税务学会课题组（2003）提出了我国的税收改革应从改革分类计税模式、重新设计费用扣除标准、调整优化税率的结构等方面来逐步完善个人所得税；从提高财产税的税基、统一自用和出租房产的税收负担、采用房产评估价值的方法作为计税依据等方面来逐步完善财产税制度；另外应从加强个人收入的监控、扩大税收宣传力度、推进税收信息化的建设等方面来加强税收的征管；开征社会保障税和遗产税，建立系统的、综合的个人收入调节体系；同时也要注意税负转嫁对收入分配的影响。刘尚希、应亚珍（2004）指出在功能定位上个人所得税有主次之分，其最基本功能是收入，派生功能是调节功能，并根据我国的税制环境，对比分析了我国的累进税率和单一税率在个人所得税调节方面的功能，认为累进税率增加了征收成本、强化了偷逃税动机、降低了税收征管的透明度，同时也加剧了收入分配的不平等，另外也指出单一税率与我国的税收环境更相适应，因此单一税率应是实现我国个人所得税调节功能的最佳选择。刘丽坚（2006）通过回顾我国个人所得税的发展过程，认为在当前和今后一段时期内，我国个人所得税的职能定位应是"以调节收入分配为主、兼顾筹集财政收入"。在分析我国现行的个人所得税制度中存在的问题时，也提出了我国政府应建立综合与分项相结合的个人所得税制度的改革方案。刘丽坚、姚元（2008）指出我国个人所得税调节收入分配的重点是再次分配和高收入环节，并提出要对低收入者采取积极的税收扶持政策，同时应加强对就业和再就业的支持力度、加大对中小企业的扶持，并开征社会保障税等措施。徐进（2006）提出应通过有选择地对不同商品课税或是不课税、课轻税或是课重税，因为商品税也具有调节收入分配的功能，因此应把增值税作为进行普遍横向调节的主体税种，同时把消费税作为纵向调节的主体税种，而其他商品税都应在此框架下作为补充的税种。安体富、任强（2007）从国民的三次收入分配角度详细分析了我国税收在调节居民收入分配差距中的功能和机制，并强调税收是调节收入分配的重要手段，税收的调节作用在初次分配、再分配和第三次分配中都能体现出来。贾康（2008）指出我们应首先区分收入分配差距产生的详细原因，调节收入分配差距应根据不同的收入来源采取不同的分类、分层的政策和制度，推动深化改革的力度、转变机制，另外再配以必要的收入再分配的调节措施，若只讲调节而不注重制度建设是远远不行的。谷成（2010）认为发达国家普遍采用的累进综合个人所得税在发展中国家里面临更高的管理成本、遵从成本、经济成本和政治成本，因而可能不是发展中国家实现收入分配职能的最优策略。而对于我国，未来个人所得税的改革方向应当是在合理确定劳动所得和资本所得税负水平的基础上，根据纳税人家庭人口数量及就业状况对费用减除标准加以细分。在商品税方面，对日常生活必需品和农业生产资料免征增值税，将更多奢侈品纳入消费税的征收范围，并对与低收入群体日常生活密切相关的服务项目免征营业税。

另一部分学者则研究分析了税收调节收入分配功能弱化的原因并提出了对策。钱晟（2001）认为我国目前个人收入分配差距扩大的最根本的原因是个人初次收入分配阶段上的不规范，因为税收调节只是一种事后调节，仅能起到一种矫正的作用。而当前我国的税收制度在调节收入分配时有累退的倾向、税种设计也较为单一等问题，因此难以实现缩小收入分配差距的预期目标。另外流转税所占比重过大、所得税所占比重过小的税制结构也造成了税收的公平性分配功能弱化，限制了其公平分配职能的发挥，因此我们应着眼于整个税收体系的建设，综合运用多种税收手段，建立合理的、多环节的、多税种的、立体式的税收调节体系。胡鞍钢（2002）指出我国个人所得税及其征收办法的"制度失效"是居民收入分配差距扩大的重要原因，具体表现为城镇居民实际的个人所得税税率远低于其名义税率、个人所得税占税收总收入和 GDP 的比例都低于其他发展中国家，个人所得税主要来自工薪阶层的收入，来自经营所得和劳务报酬的比例却很小，私营经济的税收贡献低于其经济贡献，偷逃税现象相当普遍。财政部科研所课题组（2003）指出我国税制在调节收入分配方面由于过分注重对货币收入的调节，而忽视了对财富的调节，这种税收模式突出表现为个人所得税费用扣除额较低、级距小、级次较多、边际税率较高，另外调节个人财富的税种基本上没有。张文春（2005）通过研究发展中国家利用个人所得税调节收入再分配的状况，指出发展中国家个人所得税的规模太小、效率比较低且征管成本较高，这些原因导致其对改善收入分配不公几乎起不到作用，同时也指出我国的个人所得税调节收入分配的效果同样也不明显，政府应采取以低收入为目标的财政支出计划和其他的政策措施。任寿根（2005）认为目前我国收入分配差距有进一步扩大的趋势，应大力加强个人所得税的收入再分配功能，提高个人所得税在税制结构中的地位，使其逐步成为税制结构中的主体税种之一，并提出应将个人所得税与公司所得税、消费税和房产税相协调配合的观点。蒋晓蕙、张京萍（2006）分析了税制要素、税制模式、税种结构对收入分配调节的不同效应，以及避税行为、税式支出、税负转嫁、税收指数化等对收入分配效果的影响。张志等（2006）对税制的逆向调节问题从地区收入分配差距的视角进行了研究，认为是我国的主要税种都不同程度地存在税源产生地与税收实现地的不一致性，导致我国地区税收收入分配差距的扩大速度大于其经济发展差距扩大的速度。张斌（2006）从我国当前的税制结构，即流转税、所得税、财产税和资源税等具体税种、税式支出、税收征管等角度分别阐述了其对收入分配的影响，认为从长期来看，税收调节收入功能的实现依赖于税制结构的调整，然而，我国现阶段的国情和征管水平决定了流转税的主体地位在相当长的时期内是难以根本改变的。同时他也提出了缩

41

小收入分配差距的税收措施：降低生活必需品的增值税税率，减轻低收入阶层的流转税负担；调整消费税结构和征收范围，提高消费税在税收收入中的比重；改革个人所得税制度，加强征管，逐步采取分类与综合相结合的征收模式；实施社会保障费改税，建立全国统一的社会保障税制；完善财产税体系；改善征管环境，完善配套措施，加强税收征管。汤贡亮、周仕雅（2007）指出影响个人所得税调节功能发挥的主要原因是个人所得税的税基、税源难以准确地被掌握和界定，提出应逐步对个人所得税进行拓宽税收的税基、降低税率的改革，同时也指出了影响个人所得税税基拓宽的主要因素有人们对纳税的理解和认同、居民的收入分配差距、收入水平、征收成本和征收力量等。阮宜胜（2008）认为近年来税收收入的超常增长和税收的调节乏力及逆向调节扩大了收入分配的差距，并认为减免税过多过滥、税种缺失、"计划任务"征税等是导致税收调节乏力甚至是逆向调节的重要原因。孙玉栋（2009）分析了我国主体税制的税收政策对居民收入分配的调节作用，认为自1994年税制改革以来我国主体税制的税收政策对调节居民收入分配差距起到了一定作用，同时也存在调节累退性、调节力度弱化、低收入群体负担重等问题，分析其原因主要在于居民个人税收负担累退性较强、税收对个人收入的调节力度不够等，并从法制环境、征管环节、税制调整等几个方面提出了相应的对策。蔡红英等（2009）从理论和实证方面分析了我国目前的收入分配和税收，指出我国当前宏观税负水平并不算重，但随着GDP的增长，宏观税负增长速度表现出过快的特征；过高的非税收入弱化了政府调控国民收入分配的能力，税收未能在国民收入分配调控中起到应有的作用，并提出了从规范政府收入机制与支出结构、调整税制结构等方面入手，完善税收对国民收入的调控功能。

二　税收调节收入分配的实证分析

在实证分析方面，得出的结论也各有不同，基本上有以下几种。

税收对居民收入分配差距的调节不明显。刘怡、聂海峰（2004）根据城市住户的调查资料，分析了目前我国以消费税、增值税、营业税这三项主要的间接税在不同人群中的负担状况。研究结果发现，低收入人群家庭中负担的增值税和消费税的比重要大于高收入人群家庭，而高收入人群家庭中负担的营业税的比重要大于低收入人群家庭，总的来看，整个间接税是呈近似比重负担的，因此，间接税恶化收入分配的状况并不十分明显。王剑锋（2004a）构造了一个流转税影响个人收入分配的理论模型，并根据此模型分析了我国各阶层城镇居民的消费支出数据：认为低收入阶层的流转税负担显著高于高收入阶层，这在一定程度上抵消了个人所得税对超额累进税率对收入分配的调节作用。另外，王剑锋（2004b）使用《中国统计年鉴》的公开数据，运用数理统计方法进行模拟和测算，得出我国现行的对工薪所得课税的税率结构与职工工薪所得分布实际情况明显不对称，造成个人所得税在调节收入上的有效性不足。李绍荣、耿莹（2005）以我国 31 个省份 1997~2002 年的数据为样本，估计了我国的税收结构对经济增长和收入分配的影响，结果表明，在我国现阶段的经济制度和税收体制下，所得税类、流转税类、财产税类和资源税类份额的增加会提高资本所有者和劳动所有者市场收入分配的不平等程度，而特定目的税种和行为税种份额的增加则会缩小资本要素与劳动要素的收入分配差距。这说明在中国现阶段的经济中，有必要对所得税类和财产税类进行结构和职能两方面的改革，使这两种税能够体现社会公平的税收职能。

税收对居民收入分配差距的调节起了一定的作用。周亚等（2006）通过模型分析了征税行为对征税前后基尼系数的影响，讨论了个人所得税的收入分配效应，结果得到当税后基尼系数大于税前基尼系数时，只有征收个人所得税才能对收入分配起调节作用。王亚芬等（2007）计算了我国城镇居民税前、税后的总收入和税收收入的基尼系数，同时也计算了各阶层的平均税率，最后建立了计量模型从多个角度分析个人所得税对城镇居民收入分配差距的影响，认为我国目前收入分配差距虽然扩大，但没达到两极分化，2002 年以后个人所得税逐渐发挥了对收入分配差距的调节作用。对高收入阶层课以重税，同时增加低收入阶层的可支配收入是改善目前收入分配不平等状况行之有效的措施，税收政策和其他社会保障的收入分配政策相结合，可以缩小收入分配差距。

一些学者运用实证分析方法研究了我国税收影响收入分配差距的原因。王小鲁（2007）根据对我国 2005~2006 年几十个市、县 2000 多名居民的收入进行了家庭收支调查，推算出我国城镇居民中没有统计到的隐性收入竟然高达 4.8 亿元，并且主要发生在 10% 的高收入户的城镇居民家庭，无法对这些"灰色收入"进行有效的税收监控是导致收入分配差距扩大的重要原因。刘小川、汪冲（2008）分析了个人所得税的税负对地区间收入分配差距的作用。研究发现，地区间工薪所得的个人所得税税负的累进性已经达到发达国家的水平，而经营性和财产性所得的个人所得税地区税负差异状况比较严重，存在较多的不公平性，呈现累退性。赵震宇、白重恩（2007）通过建立动态一般均衡模型，对 1978~2004 年我国城乡居民收入差异曲线的周期性变化进行了解释，并对政府税收是否能有效影响收入分配差距做出回答。结果表明，在市场出清的情况下，工业品生产过剩导致的经济危机会成为调整城乡居民收入差异的内生因素，而政府对工业品和农业品所采取的不同税率政策也会影响城乡居民收入分配差距的程度和发展速度。于洪（2008）根据我国城镇居民消费支出的数据进行分析，认为城镇居民中低收入群体对生活必需品消费支出的需求弹性较小，且对食品类需求价格弹性为正值，而高收入群体却对医疗保健类食品、交通通信类的需求弹性较小，因此我们应在深入详细分析消费者行为并在把握价格变化及弹性状况的基础上，最终确定消费税税负在不同收入群体的归宿和消费税的结构。

第三节　财政政策与收入分配

我国居民的收入再分配主要是通过政府的财政政策对其要素收入进行再次调节的过程。从 1998 年起，我国确立了以建设公共财政体制为主要目标的财政体制改革方向，彻底明确了对居民收入进行再分配是其主要的职责之一。我国政府对居民的财政再分配措施主要包括对居民的转移性支出和公共财政支出两方面，为了与其他的概念相区分，这里我们将政府对居民的转移性支出称为居民的转移性收入。下面我们从居民的转移性收入和政府的公共财政支出（也称财政支出）两方面对政府的财政再分配政策的研究进行简单的回顾。

一　居民的转移性收入对收入分配的影响

我国学者从不同的方面研究了居民的转移性收入对缩小收入分配差距

的作用，基本上持有三种观点：第一，居民的转移性收入对缩小收入分配差距有明显的作用；第二，居民的转移性收入对缩小收入分配差距的作用并不明显；第三，居民的转移性收入扩大了收入分配差距。

一些学者认为居民的转移性收入对缩小收入分配差距有明显的作用。胡日东、王卓（2002）利用计量经济模型，实证分析了我国收入分配差距扩大对消费需求的制约作用，并进一步探讨了转移支付通过对低收入人群的财富转移，可以直接调节收入分配，对缩小收入分配差距有显著的作用。王德文、蔡昉（2005）根据 14 个城市的调查资料研究发现，中国城市贫困发生率大约为 10%，高失业率和社会保障体系不完善是造成城市贫困恶化的重要原因，收入转移，尤其是公共收入转移对减缓城市贫困和收入不平等有明显的积极作用。

另一些学者则认为居民的转移性收入对缩小收入分配差距的作用并不明显。马拴友、于红霞（2003）采用增长回归法检验分析了我国 1994～2000 年的转移支付与地区经济收敛的关系，发现转移支付不仅没有达到缩小地区经济差距的作用，反而扩大了地区的经济差距，并认为转移支付不能缩小地区收入分配差距的原因，除了资金使用效率较低之外，主要在于转移支付资金分配不科学和不公平。张明喜（2006）利用与马拴友、于红霞（2003）类似的方法，根据我国 1995～2004 年的省区数据，测算和分析了转移支付与收入的收敛情况，也得出了同样的结论：收入的收敛模式在全国范围内不仅没有绝对收敛，也没有条件收敛，转移支付总体上没有达到缩小地区收入分配差距的效果，这种状况突出表现在我国中部和西部地区。他认为要想通过转移支付在缩小地区差距上有所作用，关键是利用客观因素和科学的公式，在确定各地的标准收入和标准支出的基础上，计算转移分配的财政资金，并增加中央政府的可支配收入，扩大均衡拨款的规模。刘晨、刘晓璐（2010）以山西省 1993～2005 年的县级财政数据为样本，通过分析中央和地方政府转移支付的结构，得出中央政府通过地方政府转移支付的财政手段并不能有效地缩小贫富差距。朱国才（2007）通过理论分析和实证检验，发现 20 世纪 90 年代 OECD 国家的转移支付规模变动与基尼系数有相关性，财政支出的增加，有助于缩小市场机制导致的收入分配差距。而我国自 1995 年以来的转移支付对缩小收入分配差距的效果却不明显，故应进一步完善我国的转移支付制度，使之有利于收入分配差距的缩小。

还有一部分学者认为居民的转移性收入扩大了收入分配差距。杜鹏 (2004) 运用泰尔指数及其分解方法，将东北三省作为一个整体区域，测算了东北城镇居民收入分配差距及各省所占的份额，并将转移性收入引入测度框架，最终发现东北城镇居民收入分配差距呈扩大趋势，且不同人群的收入分布状况恶化，但三省之间的差距状况趋同，政府转移性支出并没有成为缩小收入分配差距的手段，相反加剧了收入的不平等。黄祖辉等 (2003) 采用 GE 指数及其相应的分解方法，利用 1993～2001 年的相关数据，从转移性收入的角度对当前我国居民收入不平等问题进行分析。他们主要从两方面进行分析：一是运用 GE 区域分解方法，比较各区域包含转移性收入和不包含转移性收入条件下的两组收入不平等值的差异，以分析转移性收入对各区域收入不平等的影响；二是运用 GE 收入来源方法，通过转移性收入和其他分项收入对总区域收入不平等的贡献率的比较，分析转移性收入对收入不平等问题的影响。研究结论表明：我国现阶段的转移性收入并没有成为降低收入不平等程度，尤其是降低城乡居民收入不平等程度的再分配手段，相反是加剧了收入的不平等。李伟、王少国 (2008) 分析了改革开放以来我国城镇居民的收入分配差距状况，并根据收入来源分解的方法、基尼系数法等对初次分配和再分配收入分配差距的来源和对城镇居民收入分配差距的贡献进行了比较分析。研究发现，城镇居民收入分配差距扩大的主要因素是初次分配，而再分配对城镇居民的收入分配差距存在逆向调节作用，因此城乡居民的收入分配机制还存在较大的改革余地。杨天宇 (2009) 采用 GE 指数及其区域分解、收入来源分解方法，利用我国 2000～2007 年的数据，对居民收入再分配过程中的"逆向转移"现象进行了实证研究。结果表明：我国现阶段的转移性收入不仅没有起到缩小居民收入分配差距的作用，反而扩大了全国、农村内部和城乡之间的居民收入分配差距。与 20 世纪 90 年代相比，居民的转移性收入扩大收入分配差距的程度在某些方面有所下降，但并未改变"逆向转移"的大趋势。各地区经济发展水平的差异所导致的居民的转移性收入分配差距，以及城乡分割的收入再分配制度导致的城乡转移性收入分配不平等，是造成居民收入再分配中出现"逆向转移"的原因。

二 公共财政支出对居民收入分配的影响

近年来，我国学者从各方面研究了我国财政支出对居民收入分配的影响，大部分侧重于实证研究，基本观点有：我国的财政支出没有起到对收入再分配的调节功能；财政支出对收入分配有积极的作用，应进一步加强、改善财政支出的再分配功能。

大部分学者认为我国的财政支出对调节收入分配差距的作用有限。朱玲（1997）认为财政转移支付在我国所能够发挥的最基本的功能有两个，一是保障各地以及各级政府至少提供最低标准的公共服务，二是保障最低收入人群最基本的生存需求得以满足。要实现以上两个目标也才仅仅有可能缩小地区间在公共服务供给和个人收入水平面的差距，但是难以实现缩小"地区差距"这一目标。贺蕊莉（2005）认为中国贫富差距的形成与扩大是多种因素共同作用的结果，既有流量财富分配不公的问题，也有存量财富直接转移的问题，虽然财政是国家调节收入分配、缓解收入不平等的重要工具，但其作用也是很有限的。冉光和等（2005）利用1978～2002年中国财政政策对农民收入增长的影响进行了理论分析和实证分析，结果表明：在经济转轨时期，财政支出、财政收入对农民收入影响的弹性系数分别为0.0296、－0.1013，财政政策对农民收入增长具有显著的负效应。胡汉军、刘穷志（2009）根据面板数据计量模型和城乡住户的调查数据，通过构建的基尼系数和政府财政效应的测度模型，全面检验分析了2001～2006年我国财政政策对城乡居民收入再分配的不公平效应。结果显示：城镇的个人所得税政策工具对居民收入不平等具有较强的抑制作用，而养老金支出和离退休金支出则加剧了居民收入的不平等，另外失业救济支出的再分配效应不明显；农村的转移性收入有效地抑制了农民收入的不平等，但是税费负担的再分配效果不明显。李吉雄（2010）运用Povcal软件，测量了我国1999～2008年的城乡总体、城镇内部和农村内部的贫困度指数和基尼系数。研究发现，我国现行财政体制中财政的再分配政策没有对城乡居民收入分配差距的扩大起到一定的抑制作用；对缩小城镇居民内部的收入分配差距有一定程度的调节作用，而对农村居民的收入分配却有一定的"逆调节"，因此存在明显的城乡"二元性"。王世杰（2010）通过对财政支出与收入分配均等程度的实证分析，发现我国财政支出对缓解收入分配差距没有起到相应的缩小效应，这意味着目前我国的"公共财政"还只是一种理念与愿望，要实现其真正的"公共财政"功能还有很长的路要走。

也有部分学者认为财政支出能对收入再分配起到一定的调节作用，我国应该逐步加强、改善财政支出的再分配功能。阎坤和王进杰（2004）认为市场经济基于要素分配很容易导致贫富悬殊，财政的三大职能之一就是收入分配，将收入分配引入公共支出分析，考察了公共支出政策的收入分配效应。寇铁军、金双华（2002）通过理论与实证研究，对我国财政支出水平、结构与居民收入分配差距的关系进行了分析，得出我国财政改革的重点应从重视效率转向社会公平，逐步加大转移支付和生活保障的支出力度、增加公共教育支出、增加对低收入群体的医疗保健支出、增加失业救济等，逐渐改善收入分配的不公平状态。孙文祥、张志超（2004）认为财政支出结构能够对经济增长和社会公平产生显著影响，并利用国家统计局公布的数据对上述经济关系进行了实证分析。结果表明：地方财政支出具有显著促进经济增长的作用，而中央财政支出则可以明显提高社会公平程度；不同的财政支出项目对经济增长和社会公平的贡献具有显著差异，其中文教、科学、卫生事业费支出既能推动经济增长，也能促进社会公平。冉光和、唐文（2007）利用1978～2004年的省级面板数据对财政支出结构与我国城乡居民的收入分配差距做了实证研究。结果显示：在控制其他经济变量的情况下，基本建设支出等支出项目占财政支出总额比重的增加，缩小了城乡居民收入分配差距；而行政管理费用等支出项目占财政支出总额比重的增加则扩大了城乡居民收入分配差距。在缩小城乡居民收入分配差距方面，财政支出在第二阶段发挥的作用强于第一阶段。赵桂芝、马树才（2007）和李慧材（2007）通过对我国居民收入分配差距的测度和分析，分别分析了城镇和农村居民的收入分配差距，认为在注重初次分配公平的同时，要强化再分配的功能，特别强调了财税政策的作用潜力和增强财税政策的调节力度。

另外还有学者研究了我国财政再分配失灵的原因。蔡跃洲（2010）指出我国现行财政性制度安排作用于要素配置、初次分配两个环节，其是财政再分配失灵的制度根源，并通过使用代理变量的时间序列进行实证检验得出如下结论：①初次分配及要素资源配置环节存在的制度性扭曲是收入分配差距扩大和财政再分配失灵的根源；②社会福利支出、财政性补贴等再分配财政政策的调节力度有限，未来财政调节收入分配差距应着力消除初次分配及要素资源配置环节的制度性扭曲；③加大教育、医疗卫生等公共服务领域的支出能增加居民人力资本积累和改善要素结构、缩小收入分配差距，但其前提是基本公共服务的均等化。

第四节　本章小结

对收入分配问题的研究一直是经济学研究的热点，其成果也极其丰富。本章首先对收入分配问题的主要影响因素进行了分析，如人力资本、劳动力流动、金融发展、对外贸易，还有其他多种因素综合对收入分配的影响，其研究者大部分持有三种观点：第一种是扩大了居民的收入分配差距，第二种是缩小了居民的收入分配差距，第三种是对居民收入分配差距的影响不明显。另外对政府调节收入再分配途径方面的研究进行了梳理，分别回顾了税收、居民的转移性收入、公共财政支出对居民收入分配的影响。对于税收理论的研究，一部分学者分析了税收调节收入分配的功能定位，另一部分学者则侧重于分析税收调节收入分配功能弱化的原因和提出对策；而在税收实证方面的研究，则一部分学者研究了税收影响收入分配的原因，另一部分学者研究了税收对居民收入分配差距影响的大小。对居民的转移性收入的研究，学者们也是有三种观点：居民的转移性收入能明显缩小收入分配的差距、居民的转移性收入对缩小收入分配差距的作用并不明显和居民的转移性收入扩大了收入分配差距。而对于公共财政支出的研究，学者们的观点为：一是我国的财政支出没有起到对收入再分配的调节功能；二是财政支出对收入分配有积极的作用，应进一步加强、改善财政支出的再分配功能。

第三章 我国居民的收入分配和再分配结构

改革开放以来，随着社会经济的快速发展，产生了一系列的社会经济问题，尤其是城乡居民收入分配不公的问题更为突出，已成为政府和全民关注的热点。居民的收入分配不公将对经济增长、劳动力就业、财政、福利、社会和谐发展等方面引起不良的影响，因此，研究收入在各部门之间尤其是居民部门之间的分配和再分配结构，制定合理的收入分配政策改善收入分配的不平等，对政府部门来说已是刻不容缓的问题。

第一节 收入分配与再分配模型简介

SAM 表显示了生产部门的收益在生产要素之间的分配、收入的转移支付以及对生产部门进行的投资的再生产和收益的增加，即展示了整体经济的动态循环生产过程，综合地联系了社会经济的各个部门，包含了一个时期所有部门的有效数据。这对投入产出、收入分配和再分配、税收等方面的研究提供了完备的数据基础。利用以 SAM 表为基础的乘数和相对乘数的分析方法可以对各部门的收入分配和再分配结构进行分析。目前这种方法已被广泛应用于经济的产业结构、收入分配和城市发展的不平等等方面。下面我们对收入分配和再分配的模型进行简单的介绍。

一 收入分配模型

收入分配模型是基于 SAM 表的乘数分析方法，它主要研究在 SAM 表描述的经济系统中外生账户注入内生账户而引起的波及效应，因此在构造的 SAM 表中，需要把账户分为内生账户和外生账户。为了本书的研究目的我们将把政府部门设置为内生部门。本书的 SAM 表把生产活动部门（活动和商品）、要素部门（劳动力和资本）、机构部门（居民、企业和政府）设为内生账户，而把储蓄－投资、国外部门等设为外生账户。那么简化的我国 2007 年的社会核算矩阵结构如表 3－1 所示。

表 3－1　简化的我国 2007 年的社会核算矩阵结构

		支出		
		内生账户	外生账户	合计
收入	内生账户	S_{nn}	S_{nx}	Y_n
	外生账户	S_{xn}	S_{xx}	Y_x
	合计	Y_n^1	Y_x^1	

注：S_{nn} 是内生账户之间的交易子矩阵，S_{nx} 是内生账户对外生账户交易的子矩阵，S_{xn} 是外生账户对内生账户交易的子矩阵，S_{xx} 是外生账户之间的交易子矩阵；Y_n 是内生账户的总收入，Y_x 是外生账户的总收入，Y_n^1 是内生账户的总支出，Y_x^1 是外生账户的总支出。

表 3－1 中每一个元素除以其所在列的总和得到平均支出倾向矩阵 $A = \begin{pmatrix} A_{nn} & A_{nx} \\ A_{xn} & A_{xx} \end{pmatrix}$，故乘数分析方法中的支出系数是固定的，$A_{ij}$ 是平均支出倾向矩阵的子矩阵。SAM 可以用以下形式表示：

$$\begin{pmatrix} Y_n \\ Y_x \end{pmatrix} = \begin{pmatrix} A_{nn} & A_{nx} \\ A_{xn} & A_{xx} \end{pmatrix} \begin{pmatrix} Y_n \\ Y_x \end{pmatrix} \tag{3.1}$$

内生账户 Y_n 可以表示为：

$$Y_n = A_{nn} Y_n + A_{nx} Y_x = (I - A_{nn})^{-1} A_{nx} Y_x = M_{nn} x_n \tag{3.2}$$

这里 I 是单位矩阵，$M_{nn} = (I - A_{nn})^{-1}$ 是乘数矩阵，用来衡量外生账户注入一单位时对内生账户引起的总影响，其中元素 m_{ij} 表示当外生账户注入时内生账户 j 对内生账户 i 的收入产生的影响。$x_n = A_{nx} Y_x$ 是外生变量。

二　收入再分配模型

上面我们介绍了收入分配模型的乘数矩阵，为了研究收入再分配（相对收入）的结构，下面介绍 Roland-Holst（1992）、Llop 和 Manresa（2004）提出的收入再分配乘数模型，它反映了外生账户注入内生账户时，引起的收入水平（初始收入）的变化。用式（3.2）除以 $e'Y_n$[①] 得到单位化的 y_n，即：

$$y_n = \frac{Y_n}{e'Y_n} = \frac{M_{nn}x_n}{e'M_{nn}x_n} = (e'M_{nn}x_n)^{-1}M_{nn}x_n \tag{3.3}$$

对式（3.3）进行微分，得到内生账户收入再分配模型的计算公式：

$$\begin{aligned}
\mathrm{d}y_n &= (e'M_{nn}x_n)^{-1}[I - (e'M_{nn}x_n)^{-1}(M_{nn}x_n)e']M_{nn}\mathrm{d}x_n \\
&= \frac{1}{e'Y_n}\left(I - \frac{Y_n}{e'Y_n}e'\right)M_{nn}\mathrm{d}x_n = R_{nn}\mathrm{d}x_n
\end{aligned} \tag{3.4}$$

R_{nn} 是收入再分配矩阵，表示由外生账户注入内生账户一单位时引起的内生账户收入再分配的变化。

$$r_{ij} = \frac{1}{e'Y_n}\left(m_{ij} - \frac{Y_i}{e'Y_n}e'M_{\cdot j}\right) \tag{3.5}$$

$$\begin{cases}
\text{当} \dfrac{m_{ij}}{e'M_{\cdot j}} > \dfrac{Y_i}{e'Y_n}\text{时，} r_{ij} > 0 \\[3mm]
\text{当} \dfrac{m_{ij}}{e'M_{\cdot j}} < \dfrac{Y_i}{e'Y_n}\text{时，} r_{ij} < 0
\end{cases}$$

式（3.5）中，r_{ij} 表示收入再分配矩阵中的元素，即外生账户注入时，内生账户 j 引起内生账户 i 的收入再分配效应，r_{ij} 的符号为正时表示增加，为负时表示减少。当对账户 i 的乘数在账户 j 产生的乘数中的份额大于账户 i 的收入份额时，称外生账户注入时账户 j 提高了账户 i 的再分配收入，此时 r_{ij} 为正，反之，称账户 j 降低了账户 i 的再分配收入，此时 r_{ij} 为负。可见，由于外生账户注入时，账户 j 对内生账户起正负两方面的效应，但其对所有内生账户产生的效应之和为 0。这说明收入再分配乘数只是反映了收入在内生账户之间的转移，它既没有使总收入增加也没有使其减少。因此，r_{ij} 衡量的是当外生账户注入时保持内生账户 j 的总收入不变，引起内生账户 i 的收入再分配的变化。$M_{\cdot j}$ 是 SAM 表中乘数矩阵 M_{nn} 的第 j 列。

第二节　模型的数据来源

根据分析的需要在下面我们分别构造宏观社会核算矩阵和微观社会核

---

① e' 是单位行向量，即 $e' = (1, 1, 1, \cdots, 1)$。

算矩阵。

一　宏观社会核算矩阵的建立

本书根据 SAM 表的构造原理，构建了中国 2007 年的 SAM 表。SAM 表是根据复式账户的原理，以 $n \times n$ 的矩阵形式反映经济系统中各类账户的收支状况，行表示账户的收入，列表示账户的支出，方阵中的非零元素表示账户之间的交易，同时根据会计记账法中的收入等于支出的原则，SAM 表中的行和与列和应该相等。本书构造的宏观 SAM 表主要包括 10 个账户，分别是活动、商品、劳动、资本、居民、企业、政府、国外、投资储蓄和误差项。数据主要来源于 2007 年投入产出表、《中国统计年鉴 2008》、《中国财政年鉴 2008》、《中国劳动统计年鉴 2008》和《中国城市（镇）生活与价格年鉴 2008》。国民经济账户涉及的部门繁多，在记录过程中难免会出一些差错，导致社会核算矩阵的不平衡，因此在 SAM 表中增加了误差项，以调整 SAM 表的平衡。表 3-2 是本书构建的我国 2007 年的宏观社会核算矩阵。

表 3-2　我国 2007 年的宏观社会核算矩阵

单位：千亿元

		生产活动		生产要素		机构部门				投资储蓄	误差项	合计
		活动	商品	劳动	资本	居民	企业	政府	国外			
生产活动	活动		723.33						95.54			818.87
	商品	552.82				96.56		35.19		110.92		795.49
生产要素	劳动	110.05							0.33			110.38
	资本	117.48							1.62			119.10
机构部门	居民			110.38	8.98		2.33	9.645	2.95		33.48	167.77
	企业				105.95			0.62	12.61			119.18
	政府	38.52	7.59			14.00	22.815		-12.62		3.04	73.35
	国外		64.57		4.17						3.42	72.16
投资储蓄						57.21	48.30	27.89	-28.27		5.79	110.92
误差项							45.73					45.73
合计		818.87	795.49	110.38	119.10	167.77	119.18	73.35	72.16	110.92	45.73	

二　微观社会核算矩阵的建立

下面我们建立微观 SAM 表。本书建立的微观 SAM 表是 56 阶正方矩阵，是在宏观 SAM 表的基础上分解得到的。各部门的分解如下。

（1）生产活动部门：包括活动和商品部门，都各细分为 17 个部门，根据中国 2007 年 40 个部门的投入产出表和国民经济行业分类方法重新划分，具体的部门分类为①农林牧渔业；②采掘业；③食品制造及烟草加工业；④纺织、缝纫及皮革产品制造业；⑤其他制造业；⑥炼焦、煤气、石油及核燃料加工业；⑦化学工业；⑧非金属矿物制品业；⑨金属产品制造业；⑩机械设备制造业；⑪电力、热力及水的生产和供应业；⑫建筑业；⑬交通运输、仓储和邮电业；⑭批发和零售贸易、住宿和餐饮业；⑮金融、保险业；⑯房地产业、租赁和商务服务业；⑰其他服务业。在附录中各行业分别依次用 com1 ~ com17 表示。

（2）生产要素中的劳动部门：分为农村劳动力、生产性工人和专业技术人员三类。

（3）居民部门：首先分为农村居民和城市居民，再参照《中国劳动统计年鉴 2008》的分类标准，将农村居民分为①低收入，②中低收入，③中等收入，④中高等收入，⑤高等收入 5 个阶层；将城市居民分为⑥最低收入，⑦低收入，⑧中低收入，⑨中等收入，⑩中高等收入，⑪高等收入，⑫最高收入 7 个阶层。在附录中各阶层依次用 1 ~ 12 阶层表示。

第三节　收入分配和再分配结构分析

在 SAM 表中当内生账户（部门）受到外生账户（部门）注入时，内生各部门的收入会发生一些相应的变化，比如投资、国外需求等的变化，进而就会引起生产部门、要素部门、居民收入等账户的变化。社会核算矩阵的乘数矩阵 M_{nn} 表示外生变量（$x_n = A_{nx} Y_x$）注入时引起各部门收入分配的结构变化。收入再分配乘数矩阵 R_{nn} 表示外生账户注入引起的各部门初始收入的转移份额，即再分配结构。为了分析方便起见，我们对 R_{nn} 左乘标量 $e'Y_n$，分析非单位化的效应 $(e'Y_n)R_{nn}$，即当内生变量的总收入保持在初始水平时，外生账户注入产生的收入再分配的效应。我们的模型是以一年的数据为基础的，因此收入分配的系数（乘数矩阵）是静态的。本章主要分析居民部门收入分配和再分配的结构，具体的数据见附录1和附录2，表中数据的正号表示收入增加，负号表示收入减少，每一行显示了受外生部门一个单位的注入时各部门的吸收效应，最后一列的"平均值"表示各行部门的平均吸收程度，即该行部门的平均吸收效应。相应的列中数据表示，当外生部门一个单位的注入时该行部门对各列部门所产生的收入分配的波及效应，最后一行的"总效应"表示各波及效应的总和。对角线元素表示所对应的各部门直接或间接对本部门的收入效应，这个值通常大于1，因此减去1之后才是对本部门的直接或间接的效应。

一　生产活动部门对居民部门的收入分配和再分配结构

（一）生产活动部门对居民部门的收入分配结构

居民通过对生产活动提供劳动力和资本要素来参与收入分配的过程，反映了生产活动附加值的来源及其分配状况，由附录1-1可以看出，当外生部门注入一个单位时，农林牧渔业对各阶层居民部门产生的波及总效应最大（0.471），而且对农村居民收入的波及效应（0.019~0.189）比对城镇居民收入的波及效应（0.000~0.001）大，这说明在我国的经济结构中农村居民从农林牧渔业中得到的收入比城镇居民多。因此根据我国城乡差别大，农村居民普遍比城市居民穷的国情出发，制定产业政策时可以考虑优先发展农林牧渔业，这不仅可以提高各阶层居民的收入，而且可以缩小城乡居民之间的收入分配差距。波及效应较大的是其他服务业（0.295），但是此行业对农村居民的波及效应（0.002~0.014）较小，而对城市居民的波及效应（0.009~0.060）较大。我国其他服务业由政府部门主管的产业比较多，主要包括教育，卫生、社会保障和社会福利，公共管理和社会组织，水利、环境和公共设施管理业等部门。这说明政府按照目前我国现有的经济系统对其他服务业进行的投入只能扩大农村和城市、农村居民和城市居民的收入差异，而且导致我国的收入分配不公。这提醒政府对其他服务业进行投入时，必须要采取照顾农村居民和城市低收入阶层的特殊政策。

从吸收效应来看，在生产活动部门中高阶层居民的吸收效应比较大，如第 10、12 阶层居民的吸收效应最大，平均从每个行业都可以吸收 0.017 个单位；低阶层居民的平均吸收效应比较小，如第 1 阶层居民的吸收效应最小，为 0.001 个单位。这样的结果也与事实相符合，因为较富有的阶层居民因其受教育程度较高，专业技能也比较强，在生产活动中容易得到收入较高的职位，而低阶层居民因其专业素质较低，在生产活动中一般会从事低技能的工作，收入相对较低，因此他们从生产活动中得到的收入分配差距也是非常明显的。

（二）生产活动部门对居民部门的收入再分配结构

附录 1 - 2 列出了外生部门注入时生产活动部门对各阶层居民收入再分配的影响结构，表 3 - 3 是根据附录 1 - 2 得出的外生部门注入时生产活动部门引起的收入再分配增加的居民部门。交通运输、仓储和邮电业，其他服务业等部门对各阶层居民的影响都为正，并且对高收入阶层的影响总体大于低收入阶层，尤其是其他服务业更为显著，说明在收入再分配过程中，政府主管的公共服务类的生产还是比较有利于高阶层居民的收入再分配的；另外农林牧渔业，房地产业、租赁和商务服务业对低收入阶层的影响为正，说明低收入阶层在这几个行业就业的人数比较多，再分配过程中对其的分散效应也比较大。通过收入再分配过程，低阶层和高阶层居民收入再分配的吸收效应比较小，而中等阶层居民的吸收效应比较大，说明通过经济系统中的收入再分配过程，中等阶层得到较高的再分配收入，但是低阶层居民依然不能提高其收入，不能享受到再分配的好处，因此要提高低阶层居民的再分配收入，还是要从其他方面采取措施。我国的经济增长主要是靠对各行业的投资带动的，外生部门注入时各行业对居民收入再分配的影响结构是我们选择优先行业的发展、部门收入再分配政策时主要考虑的问题。

表 3 - 3　生产活动部门引起的收入再分配增加的居民部门

生产活动部门	居民收入再分配（＋）	生产活动部门	居民收入再分配（＋）
农林牧渔业	1，2，3，4，5	采掘业	6，7，8，9，10，11，12
食品制造及烟草加工业	6，7，8，9，10，11，12	纺织、缝纫及皮革产品制造业	6，7，8，9
其他制造业	6，7，8，9，10，11	炼焦、煤气、石油及核燃料加工业	无
化学工业	无	非金属矿物制品业	3，4，5，6，7，8，9，10，11
金属产品制造业	无	机械设备制造业	无
电力、热力及水的生产和供应业	7	建筑业	2，3，4，5，6，7，8，9，10，11，12
交通运输、仓储和邮电业	1，2，3，4，5，6，7，8，9，10，11，12	批发和零售贸易、住宿和餐饮业	1，2，3，4，5，6，7，8，9，10，11，12
金融、保险业	1，2，3，4，5，6，7，8，9，10，11，12	房地产业、租赁和商务服务业	1，2，3，4，5
其他服务业	1，2，3，4，5，6，7，8，9，10，11，12		

注：表中 1～12 的数字表示按收入划分的 1～12 个阶层的居民。

（三）　生产活动部门的收入再分配的波及总效应

表 3 - 4 是当外生部门注入时生产活动部门对生产部门和居民部门收入再分配的波及总效应，显示了食品制造及烟草加工业，纺织、缝纫及皮革产品制造业等 8 个生产活动部门对生产部门引起的波及总效应为正值，而对居民部门的波及总效应为负值，说明这几个部门虽然增加了社会总产出的再分配收入，但减少了居民部门的再分配总收入。农林牧渔业、采掘业、非金属矿物制品业、建筑业等 9 个生产活动部门对生产部门和居民部门产生的波及总效应均为正值，说明这几个部门不仅增加了社会总产出同时也提高了居民部门的再分配总收入。

表 3 - 4   生产活动部门的收入再分配的波及总效应

收入再分配的波及总效应	生产活动部门
生产部门（ + ）, 居民部门（ - ）	食品制造及烟草加工业, 纺织、缝纫及皮革产品制造业, 其他制造业, 炼焦、煤气、石油及核燃料加工业, 化学工业, 金属产品制造业, 机械设备制造业, 电力、热力及水的生产和供应业
生产部门（ + ）, 居民部门（ + ）	农林牧渔业, 采掘业, 非金属矿物制品业, 建筑业, 交通运输、仓储和邮电业, 批发和零售贸易, 住宿和餐饮业, 金融、保险业, 房地产业, 租赁和商务服务业, 其他服务业

二   居民部门的收入分配和再分配结构分析

（一）居民部门的收入分配结构

由乘数矩阵计算的居民部门之间的收入分配结果（见附录 2 - 1）如下：外生部门注入时，从波及效应来看，高阶层居民产生的波及总效应比较大，如第 12 阶层居民产生的波及总效应最大（0.972），而低阶层居民产生的波及总效应较小，如第 1 阶层为 0.838 个单位，这主要是与我国各阶层居民的收入分配差距过大有关，低阶层居民收入较低，虽然其消费倾向较大，但总体上的消费量还很有限，而且多数局限于对日常必需品的消费，因此不能较大幅度地拉动生产而使居民的收入提高，而高阶层居民是我国商品的主要消费者，其消费可以拉动生产进而促进居民收入的提高，因此高阶层居民的波及总效应大于低阶层居民。居民的收入主要来自生产活动过程，同样外生部门注入时，居民部门对各生产活动部门的收入也会产生影响。由附录 2 - 2 可看出，各阶层居民部门对各生产活动部门收入的波及总效应为负值，减少了各生产部门的总收入，低阶层居民部门的负的波及总效应最大，如第 1、2 阶层居民部门使社会生产的总收入减少比较多，分别为 - 0.753 个、- 0.517 个单位，而高阶层居民部门的负的波及总效应较小，如第 12 阶层为 - 0.323 个单位，也说明低阶层居民收入较低，外生部门注入时对低阶层居民的影响较大，容易引起其满足感，影响其继续工作的积极性，低阶层居民从事生产活动的人数众多，故也会使生产活动的总收入减少得较多。而高收入阶层原来收入就较高，外生部门注入对高阶层居民的工作积极性影响不大，因此对生产活动部门的波及效应较小。

（二）居民部门的收入再分配结构

外生部门注入时，由相对乘数矩阵计算得出的居民部门之间的收入再分配结构（见附录 2－3）可以看出：通过收入再分配过程，居民部门对其自身的影响都为正值，其数值也基本上接近于 1，其中低阶层居民对其自身的影响稍大于高阶层居民，但是对其他各阶层居民的影响均为负值；低阶层居民对各阶层居民的波及总效应较小，而高阶层居民的波及总效应较大，也是因为高阶层居民有较强的消费能力。从吸收效应来看，低阶层居民有较高的吸收效应，如第 1、6、7 阶层，其平均吸收效应分别为 0.081、0.080、0.080，高阶层居民的吸收效应较低，如第 12 阶层的平均吸收效应为 0.061。总的来看，在再分配过程中，低阶层居民较高的吸收效应和较低的波及效应，可以使低阶层居民的收入提高得较多。

由居民部门对生产活动部门的收入再分配结构（见附录 2－4）得出：外生部门注入时，居民部门对生产活动部门的收入再分配都产生负的总效应，其中城乡低收入阶层居民使各行业的再分配波及总效应减少得最多，如第 1、2 阶层对生产活动部门的再分配波及总效应减少得较多，分别为 －0.950 和 －0.839；而高阶层居民则使行业收入再分配的波及总效应减少得较少，如第 12 阶层对生产活动部门收入再分配的总效应为 －0.695。与收入分配相比较，再分配的波及总效应都增加了，其中较大的依次为化学工业，其他制造业，纺织、缝纫及皮革产品制造业，其他服务业等，说明这些行业中低收入阶层较多，对生产的影响较大。

三 政府部门对居民部门的收入分配和再分配结构

（一）政府部门对居民部门的收入分配结构

为了研究政府部门对居民部门的影响，本书将政府部门作为内生账户来处理。表 3－5 中的 SAM 乘数矩阵 M_{nn} 列显示了外生部门注入时政府部门对各阶层居民部门收入分配的影响：减少了各阶层居民的总收入，其总效应为 －0.263，使低阶层居民的收入减少得较少，相反使高阶层居民的收入减少得较多。这说明通过乘数作用，政府部门对高阶层居民的收入影响较大，主要是因为高阶层居民上交的税比较多，而对低阶层居民的收入影响相对较小，政府部门可以通过税收来调节居民的收入。

表 3 - 5　政府部门对居民部门收入分配和再分配结构

居民收入	SAM 乘数矩阵 M_{nn}	收入再分配 $[(e'Y_n)R_{nn}]$
1 阶层	- 0.002	- 0.003
2 阶层	- 0.004	- 0.006
3 阶层	- 0.005	- 0.009
4 阶层	- 0.007	- 0.011
5 阶层	- 0.012	- 0.020
6 阶层	- 0.008	- 0.009
7 阶层	- 0.012	- 0.014
8 阶层	- 0.032	- 0.040
9 阶层	- 0.042	- 0.052
10 阶层	- 0.055	- 0.069
11 阶层	- 0.035	- 0.044
12 阶层	- 0.049	- 0.064
总效应	- 0.263	- 0.341

（二）政府部门对居民部门的收入再分配结构

表 3 - 5 中的收入再分配所在列显示了外生部门注入时政府对各阶层居民收入再分配的影响结构，显示的结果与政府部门对居民部门收入分配时的影响一致，同样使高阶层居民的收入再分配减少得较多，而使低收入阶层居民的再分配收入减少得较少。这说明政府部门在收入分配与再分配过程中都能起到对收入的调节作用，但是对于解决我国目前的收入分配差距问题，仅通过政府部门在经济系统中的这种自动调节作用还是不够的。

第四节　本章小结

本章根据构建的我国 2007 年的社会核算矩阵，通过收入分配和再分配模型，计算了我国各部门对居民收入分配和再分配的结构影响，得出结论如下。

当外生部门注入时，农林牧渔业对各阶层居民部门产生的波及总效应最大，且对农村低收入阶层居民产生的波及效应均大于城市的高收入阶层居民，因此可以考虑优先发展，这样不仅可以提高各阶层居民的收入，也可以缩小居民之间的收入分配差距。

政府主管部门较多的其他服务业对居民总收入的波及影响也很大，但是该行业对低阶层居民（农村居民）的波及效应较小，而对城市高阶层居民的波及效应比较大，因此在我国目前的现实收入分配和再分配的结构下有扩大居民之间收入分配差距的可能。要解决目前收入分配不公的问题仅靠市场经济自身的调节是不可能的，应该通过政府的其他特殊政策来实现。

基于社会核算矩阵的收入分配和再分配的乘数分析方法，展示了在一个完整的经济体系中外生部门注入时引起的各部门的收入分配和再分配的结构特征。本书通过对我国的收入分配和再分配的结构分析提供了制定收入分配和再分配政策的一种新的实证分析途径，但对 SAM 表内在的更深层的经济含义有待进一步的深入研究。

第四章 收入分配两极分化的
特征及其影响

    收入分配问题一直是经济学界研究的重要课题，它不仅关系着每个公民的切身利益，而且也对国家的繁荣和稳定发展有着重要的影响作用。我国改革开放之后，经济增长速度令人惊讶，但是居民收入分配不公的水平也同样令人吃惊，城乡居民收入分配差距、地区收入分配差距、行业收入分配差距等已明显影响了我国经济的发展，目前已成为我们不得不面对且迫切需要解决的问题。对于收入分配不公平的测度问题，目前普遍接受的是用基尼系数来度量，但基尼系数主要反映了个体与总体平均值之间的离散程度，并不能反映收入的极化问题，收入极化测度的是群组内的同质感与群组外的异质感，反映了收入分配差距扩大到极点的集聚程度。① 而我国明显的城乡二元化经济结构，使我国城乡居民自然分为两个群组，这两个群组有各自不同的组内同质特征和组间异质特征，具有明显的两极分化特征，已有研究表明，若收入极化到一定程度，有可能使群组间的矛盾激化，形成更多的对抗和冲突，导致社会的不稳定。因此，研究我国居民收入两极分化及其对经济和社会的影响具有重要的现实意义。

    关于收入极化问题国外学者已有一些研究成果，其中 Foster 和 Wolfson（1992）、Wolfson（1994，1997）构造了测度两极分化的 W 指数。Esteban 和 Ray（1994）分析了收入不平等与极化的区别，指出收入的极化有可能会引起群体的反抗或动乱，提出了测度两极分化的 ER 指数。Esteban 等

---

① 同一群组内的个体有相似的特征即同质性，群体内就会有认同感。不同群组的个体的特征差异较大即异质性，群体间就会有疏远感。群组内的同质感和群组间的异质感越强，极化程度就会越高。

（2007）、Duclos 等（2004）试图用收入的两极分化指数来反映社会矛盾冲突或不稳定，并提出了能更好表示群组内收入聚集增强和群组间收入分配差距扩大的改进的极化指数（EGR）的计算方法。Lee 和 Shin（2011）发现当收入分配极度不平等发展成两极分化时，低阶层收入者提高收入的预期较低，其犯罪动机会较大，导致财产犯罪率提高。

目前国内学者对于两极分化的研究多数是在实证方面。杨圣明和郝梅瑞（2005）、孙保营和钱津津（2007）分别从理论上分析了我国收入两极分化的现状、原因，并提出了相应的对策。洪兴建和李金昌（2007）对收入两极分化进行了测度和评述，分析了我国城乡、城镇及农村内部、沿海与内陆以及行业之间的两极分化趋势。徐现祥和王海港（2006）采用核密度函数估计了我国初次分配中收入分布的演进，发现我国初次分配的收入分布就呈现出了两极分化，并分析了原因。刘小勇（2009）主要分析了地区间农村居民收入不平等与极化的程度。张陶新（2009）则用两极分化指数测度分析了我国居民的收入两极分化。龙莹（2012）指出近年来我国中等收入群体规模缩小并伴随着两极分化程度的不断提高。Wang 和 Wan（2015）根据统计年鉴的收入分组数据和中国家庭收入调查数据，计算并分析了我国分区域的极化程度，指出农村户籍的激化程度要高于城镇户籍的激化程度。俞彤晖（2016）计算了中国城乡的两极分化，并分析了与区域经济增长的关系。国内研究主要集中在对我国收入两极分化趋势的测算，以及分析收入极化的原因时，主要从市场经济体制、政府行为、人力资本（教育）、初次分配等方面研究，而从中等阶层衰落的角度来分析两极分化成因的研究则很少。

本书利用 Duclos 等（2004）提出的两极分化指数（EGR）首先对我国居民收入的两极分化进行测算，并分析了其特征，同时也进行了国际比较。另外，我们还从中等阶层的衰落等方面分析了我国两极分化的原因，并对两极分化对我国经济和社会产生的影响进行了分析。

第一节　收入分配的两极分化指数（EGR）模型

一　EGR 模型

Esteban 和 Ray（1994）根据不同群组居民的组内同质特性和组间异质

特性，认为组内居民会自然地集聚，而组间居民则会自然地疏离，构造了极化指数模型（ER）。EGR 模型是在 ER 模型的基础上构造的，故下面先介绍 ER 指数模型。

假设收入分布服从区间为 $[a, b]$、密度为 f 的正态分布，收入期望是 $\mu = 1$，假设 $\rho = (y_0, y_1, \cdots, y_n; \pi_1, \cdots, \pi_n; \mu_1, \cdots, \mu_n)$，$a = y_0 < \cdots < y_n = b$，分 n 组，y_n 是各分组的平均收入，$\pi_i = \text{Prob}(y_{i-1} < y < y_i) = \int_{y_{i-1}}^{y_i} f(y) \, \mathrm{d}y$，$i = 1, \cdots, n$，$\pi_i$ 为第 i 组人数的概率分布，$\mu_i = E(y \mid y_{i-1} < y < y_i) = \frac{1}{\pi_i} \int_{y_{i-1}}^{y_i} y f(y) \, \mathrm{d}y$，表示第 i 组人均收入的概率分布。

Esteban 和 Ray（1994）构建的极化指数（ER）为：

$$ER(\alpha, \rho) = \sum_i \sum_j \pi_i^{\alpha} \mid \mu_i \mu_j \mid \pi_i \pi_j \tag{4.1}$$

式（4.1）中，π_i^{α} 表示组内成员的同质性，$\mid \mu_i \mu_j \mid$ 表示组间成员的异质性，α 为灵敏参数，$\alpha \in [1.0, 1.6]$。实际上 α 的大小反映了基尼系数与 ER 指数的区别，α 值越大，基尼系数与 ER 指数的差别就越大。当 $\alpha = 0$ 时，基尼系数等于 ER 指数，这说明基尼系数是 ER 指数的一种特殊情况。

Esteban 等（1999）、Duclos 等（2004）认为群组内的同质感是有区别的，故提出了改进的 ER 指数，如下：

$$P^*(f; \alpha, \beta) = ER(\alpha, \rho^*) - \beta \varepsilon(f, \rho^*) \tag{4.2}$$

其中，$\varepsilon(f, \rho^*)$ 表示随机误差项，反映了不同组内成员的平均收入差异。β 为随机误差项的系数，反映了组内集聚的灵敏性。ρ^* 代表最优分组的集合。①

根据以上分析得到两极分化指数，假设最优两分组的收入分隔点为 y，$\pi = \int_a^y f(x) \, \mathrm{d}x$ 为较低收入组的人口概率分布函数，$L(\pi)$ 为定义在 π 点的密度函数，为 f 的洛伦兹曲线，得出 $\mu_1 = L(\pi)/\pi$ 和 $\mu_2 = [1 -$

---

① 最优分组就是任意相邻两组的分隔点等于这两组成员的平均收入，可以表示为 $y_i^* = \lambda \mu_i^* + (1 - \lambda) \mu_{i+1}^*$，$\lambda = \pi_i^* / (\pi_i^* + \pi_{i+1}^*)$。

L（π）］／（$1-\pi$）。各组内误差表示为：ε（f, ρ）$=G-$［$\pi-L$（π）］，由以上分析可得两极分化的 EGR 指数为：

$$P\,(f;\,\alpha,\,\beta,\,y)\,=\,[\,\pi^{\alpha}+\,(1-\pi)^{\alpha}\,]\,[\,\pi-L\,(\pi)\,]\,-\beta\{G-\,[\,\pi-L\,(\pi)\,]\}\,(4.3)$$

本书的计算将设置 $\beta=1$，而改变 α 的值来分析研究我国居民收入的 EGR 指数。

第二节 我国收入的两极分化及其国际比较

一 数据来源说明

城市居民和农村居民的分组收入与人口数据均分别来源于历年的《中国统计年鉴》《中国农村住户调查年鉴》等，城镇居民按可支配收入、农村居民按纯收入计算，将搜集到的城镇居民数据和农村居民数据都调整为五等分数据，将分组数据按照递增的顺序排列后，根据最优分组方法，将我国居民分为两组，显然低收入大部分是农村居民，高收入基本是城镇居民，故我们称低收入组为乡村居民分组，高收入组为城镇居民分组。计算出城乡居民收入的 EGR 指数，基尼系数采用分布函数法计算。[①]另外值得说明的是，2012 年之后的调查口径与之前的不太一样，但是我们着重考察变化趋势，并不影响我们的研究结论。

二 全国居民收入的两极分化

表 4-1 列出了我们计算的 EGR 指数和基尼系数。如表所示，在研究期内我国居民的 EGR 指数总体上呈现先上升后下降趋势。以 $\alpha=1.3$ 来看，从 1998 年的 0.1273 增长到 2006 年的 0.1510，增长了 18.62%，2007 年下降较多（0.1496），接着又增长到 2009 年的 0.1509，之后就下降得比较明显了，尤其是 2014 年（0.1337）下降得较多，仅比基期高 5.03%。另外，

[①] 先根据指标拟合求出收入分布的概率密度函数，再根据概率密度函数导出洛伦兹曲线，进而计算出基尼系数，具体算法可参考成邦文（2005）。

我们看基尼系数,总体上基尼系数也是呈现先上升后下降的趋势,从 1998 年的 0.3752 增长到 2009 年的 0.4632,比基期增长了 23.45%,2009 年达到最高点,最高点比 EGR 指数有所滞后,之后一直回落到 2014 年的 0.4356,比基期增长了 16.10%。

表 4 – 1 我国城乡居民的 EGR 指数和基尼系数

年份	极化指数(EGR)						基尼系数	
	$\alpha = 1.0$		$\alpha = 1.3$		$\alpha = 1.6$			
	原值	调整	原值	调整	原值	调整	原值	调整
1998	0.1769	100.0000	0.1273	100.0000	0.0875	100.0000	0.3752	100.0000
1999	0.1821	102.9395	0.1312	103.0636	0.0904	103.3143	0.3868	103.0917
2000	0.1907	107.8010	0.1376	108.0911	0.0951	108.6857	0.4064	108.3156
2001	0.1921	108.5924	0.1385	108.7981	0.0955	109.1429	0.4140	110.3412
2002	0.1999	113.0017	0.1441	113.1972	0.0996	113.8286	0.4368	116.4179
2003	0.2049	115.8282	0.1479	116.1822	0.1024	117.0286	0.4488	119.6162
2004	0.2045	115.6020	0.1475	115.8680	0.1020	116.5714	0.4504	120.0426
2005	0.2074	117.2414	0.1497	117.5962	0.1037	118.5143	0.4574	121.9083
2006	0.2090	118.1458	0.1510	118.6174	0.1048	119.7714	0.4586	122.2281
2007	0.2074	117.2414	0.1496	117.5177	0.1034	118.1714	0.4582	122.1215
2008	0.2084	117.8067	0.1503	118.0676	0.1040	118.8571	0.4618	123.0810
2009	0.2092	118.2589	0.1509	118.5389	0.1045	119.4286	0.4632	123.4542
2010	0.2050	115.8847	0.1476	115.9466	0.1019	116.4571	0.4546	121.1620
2011	0.2019	114.1323	0.1448	113.7471	0.0992	113.3714	0.4534	120.8422
2012	0.1999	113.0017	0.1434	112.6473	0.0983	112.3429	0.4466	119.0299
2013	0.1963	110.9666	0.1404	110.2907	0.0957	109.3714	0.4428	118.0171
2014	0.1884	106.5008	0.1337	105.0275	0.0900	102.8571	0.4356	116.0981

表 4 – 1 中,在 $\alpha = 1.3$ 时我国的两极分化指数从 1998 年增长到 2006 年的最高点,说明这期间城乡两大群组居民的收入分配差距是扩大的,且向两极分化,2006 年之后的下降,表明当时国家的各种惠农政策逐步起了作用,增加了农村居民的收入,使城乡群组的收入分配差距有缩小的趋势。而基尼系数从 1998 年增长到 2009 年才开始逐步下降,分析原因一方面是农村低收入居民因受惠于国家政策,收入有所提高,再加上当时经济的快速发

展，农村大量剩余劳动力外出打工，也进一步使其收入提高；另一方面是高收入城市居民因 2008 年的金融危机导致收入降低，尤其是高收入人群收入的降低，这就进一步缩小了居民之间收入的差距，进一步使基尼系数缩小。

表 4-1 中不难对比出 α 值越小，两极分化指数越大，但其增长速度较慢，相反 α 值越大两极分化指数则越小，但其增长速度较快，基尼系数则与 α 的值无关。图 4-1 显示了调整的极化指数与基尼系数的增长趋势，显然随着时间的增长，基尼系数比极化指数增长得稍微大一些，这说明我国居民收入的不平等程度要大于居民收入两极分化的增长趋势。

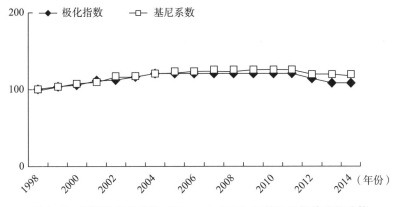

图 4-1　调整的极化指数（在 $\alpha=1.6$ 时）与基尼系数的增长趋势

另外，我们将基尼系数与两极分化指数做相关系数检验，发现其相关系数均小于 1，进一步说明两极分化指数与基尼系数确实不是同一个概念。基尼系数和极化指数的变化不同步，如增长、下降速度都不同，且最高点也并不在同一年出现，因此我们可以更加肯定地说极化指数与基尼系数确实不是同一个概念。

三　城镇和农村内部居民收入的两极分化

图 4-2 显示了全国居民、城镇居民和农村居民不同分组内部的两极分化指数的变化趋势。从数值大小来看，全国居民也就是城乡居民的两极分化指数是最高的，这说明我国城镇和农村居民的收入明显向两极分化，农村居民的两极分化指数介于全国居民和城镇居民之间，说明农村居民两极分化的程度也介于全国居民和城镇居民之间，城镇居民的两极分化指数比较小，说明其向两极分化的趋势比较弱。从趋势上来看，在研究期内，全

国居民的两极分化指数（在 $\alpha = 1.3$ 时）是先上升至 2006 年的 0.1510，之后开始缓慢下降到 2014 年的 0.1337；城镇居民的两极分化指数是从 1998 年的 0.0658 缓慢上升到 2004 年的 0.0714，之后开始稍微有所下降，直到 2014 年的 0.0693；农村居民的两极分化指数从 1998 年的 0.0959，上升到 2014 年的 0.1112，在此期间也有个别年份的极化指数是下降的，但整体上还是处于上升趋势，这说明农村居民两极分化得越来越严重了。

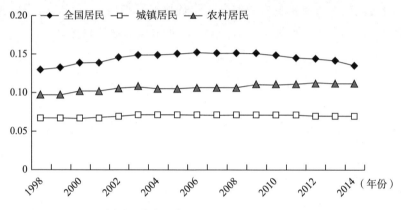

图 4 - 2　全国、城镇和农村居民两极分化指数的变化趋势

注：图中为 $\alpha = 1.3$ 时的 EGR 指数。

图 4 - 3 显示了全国居民、城镇居民和农村居民不同分组内部基尼系数的变化趋势。从数值上来看，全国居民的基尼系数最高，城镇居民的基尼系数最小，而农村居民的基尼系数居于两者之间，这说明城乡居民之间的收入不平等程度最大，城镇居民的收入不平等程度最小，而农村居民的收入不平等程度介于全国居民和城镇居民之间。从趋势上来看，全国居民的基尼系数是从 1998 年的 0.3752 先上升到 2009 年的 0.4632，之后开始缓慢下降到 2014 年的 0.4356；城镇居民的基尼系数从 1998 年的 0.2340 上升到 2004 年的 0.2536，之后就开始缓慢下降到 2009 年的 0.2442，之后又开始有所上升，上升到 2014 年的 0.2468，但是没有超过 2004 年的高度，总的来看，城镇居民的基尼系数还是有所下降的；农村居民的基尼系数基本上是处于上升趋势，从 1998 年的 0.3346 上升到 2014 年的 0.3960，虽然中间个别年份有所降低，但是并没有影响整体的上升趋势。

根据以上分析，全国居民的两极分化指数和基尼系数近五年来基本上是呈下降趋势的，说明我国居民的两极分化和收入不平等有所缓解；城镇

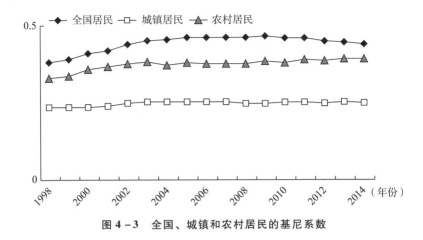

图 4 - 3　全国、城镇和农村居民的基尼系数

居民的两极分化指数和基尼系数近五年来也基本上是呈下降趋势的，即使偶尔有所上升，但并没有超过之前的高度，这说明我国城镇居民的两极分化和收入不平等也较之以前有所改善；农村居民的两极分化指数和基尼系数在研究期内基本上是呈上升趋势的，这说明我国农村居民的两极分化和收入不平等程度还在继续恶化，形势越来越严峻。因此，在以后的研究中我们不仅仅要重视城乡居民之间的收入极化和不平等现象，更应该重视农村居民内部的收入极化和不平等现象，只有真正缩小了农村居民的收入分配差距，才能更有效地解决我国整体居民的收入分配问题。

四　我国 EGR 指数和基尼系数的国际比较

图 4 - 4 和图 4 - 5 分别显示了世界上其他国家 EGR 指数和基尼系数的增长趋势。样本区间除了中国和韩国的数据是 1997 年以后的，其他大部分数据是 1973~2000 年的，由于各国数据时间段的不一致，我们主要分析各国 EGR 指数的变化趋势。

图 4 - 4 显示了各国历年 EGR 指数的趋势，反映了各国 EGR 指数对初始年份的变化趋势，可以看出，英国与美国在同期的 EGR 指数变化趋势基本上一致，德国和加拿大的 EGR 指数总体呈下降趋势，瑞典的 EGR 指数在 1981 年以前下降，之后开始上升，韩国的 EGR 指数上升最快，从 1997年到 2004 年竟增长了 111.3%，而中国的 EGR 指数在 2006 年之前呈上升趋势，之后开始缓慢下降，整个过程都比较平稳。

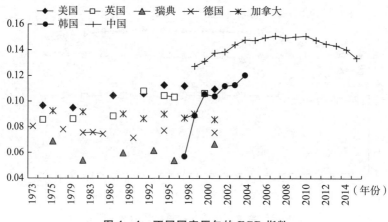

图 4 - 4　不同国家历年的 EGR 指数

注：图 4 - 4、图 4 - 5 中美国、英国、瑞典、德国、加拿大的数据来自 Esteban 等（1999），韩国的数据来自 Shin（2007），所有国家的指数都以 $\alpha = 1.3$ 计算得到的。

　　图 4 - 5 显示了世界各国基尼系数的增长趋势，从图上来看，在研究期内，美国和韩国增长了 7%，英国增长了 14%，瑞典增长了 17%，中国则增长了 23.45% 且 2010 年后稍有降低。与世界其他国家相比，中国的基尼系数增长速度是非常高的，虽然最近几年稍有下降，但基尼系数依然比较高，居民收入不公仍然是非常严峻的。由图 4 - 4 和图 4 - 5 可以看出，大部分国家的两极分化都会导致收入不公的深化，如加拿大、瑞典等，当然中国也不例外。

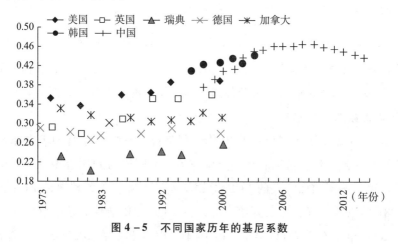

图 4 - 5　不同国家历年的基尼系数

第三节 收入分配两极分化的主要原因

一 收入不平等程度的加深

我国的基尼系数从 1998 年的 0.3752 增长到 2009 年的最高点 0.4632，之后逐步下降到 2014 年的 0.4356，实际上我国的基尼系数早在 2000 年 (0.4064) 就已经超过国际标准 0.4 的界限，这说明我国居民的收入分配差距早已非常大。我国典型的城乡二元经济结构体制，导致降低收入不平等程度的难度加大。截至 2014 年年底我国 45.23% 的人口还是农村居民，生活主要靠农业生产维持，就业范围大多局限于第一产业的农林牧渔业等，目前随着农业生产机械化水平的提高，显然农林牧渔业已不能容纳如此多的劳动力，这导致农村有大量的闲散劳动力无业可就，虽然外出打工可以解决一部分农村人的就业问题，但是因其自身劳动技能及知识水平的限制，就业范围也非常有限，通常是收入较低的体力工作。现在我国经济已有较大幅度的增长，随着技术的进步，大多工作对知识技能要求越来越高，对于初级劳动力的使用已经呈减弱趋势，目前我国的经济增长处于调整期，增长速度趋缓，用工人数也在减少，这就更增加了农村居民的就业难度。实际上我国本身的这种城乡二元经济结构体制，就导致农村与城市之间有一道天然的隔阂，农村劳动力进入第二产业等城市居民就业的领域受到诸多的限制。另外，农村居民一般受教育程度较低、思想观念落后、劳动技能也较缺乏，这进一步导致其就业难，即便是找到了工作，也大都是从事技能低、环境差、收入较低的工作，因此农村居民的收入远赶不上城市居民的收入水平。随着城乡居民收入分配差距持续扩大，而城市和农村居民又是各方面特征都不同的两个群体，这样城乡收入的差距扩大就导致我国城市居民和农村居民形成社会群体中典型的两个极，并且它们之间的两极分化趋势在日益加深。

二 收入的流动性现状与中等阶层的减少

1. 中等阶层的划分与两极分化

中等阶层至今也没有明确的划分界限，Wolfson (1994) 将中等阶层定

义为中位数收入的 75% ~ 150% 或者 60% ~ 150% , Esteban 和 Ray (1994)
计算两极分化时采用收入的对数分布,将中等阶层定义为偏离其对数平均
值的 0.4 倍或 0.5 倍标准差的区间。本书我们以中位数收入为基准,计算
其中位数收入的 75% ~ 125% 、75% ~ 150% 和 50% ~ 150% ,进一步计算
了不同区间的中等阶层与两极分化指数的相关性,表 4 - 2 列出了中等阶层
的范围与极化指数的相关性。我们发现中等阶层的范围与极化指数呈负相
关关系,即中等阶层人数的增加会降低两极分化的程度,另外从其相关性
大小来看,中位数收入的 50% ~ 150% 的中等阶层与两极分化指数的相关
性最大。

表 4 - 2   中等阶级的范围与极化指数的相关性

	75% ~ 125%	75% ~ 150%	50% ~ 150%	极化指数
75% ~ 125%	1			
75% ~ 150%	0. 999278	1		
50% ~ 150%	0. 998750	0. 996247	1	
极化指数	- 0. 841964	- 0. 833338	- 0. 851092	1

2. 收入的流动性现状

收入的流动性主要是由中等阶层规模的变化引起的,目前我国的中等
阶层整体还是处于减少趋势,中等阶层减少的原因主要是其收入的变化导
致其向高等阶层或低等阶层流动,由于我国缺乏这方面的统计数据,暂时
无法得出明确的数据性的结论,但我们可以从以下几方面考虑。首先是教
育的问题,教育对低收入者产生的负面影响要大于高收入者,中等阶层中
高收入者更重视并且有能力接受良好的教育,选择收入更高的职业,使其
更富裕而进入高等阶层;而低收入者则对教育的重视程度不够或者是无力
接受较多的教育甚至辍学,故只能从事一些低技能、低收入的职业,这样
就加剧了自身的贫穷而使收入下降进入低等阶层,这样就会导致中等阶层
向高等或低等阶层流动,加速了两极分化的趋势。比如,一个有大学生的
中等阶层家庭,等其大学毕业后就可能选择从事高技能、高收入的职业,
进入高等阶层的概率就大;相反,而没有接受高等教育的孩子的家庭,由
于孩子只能从事简单技能的职业,收入较低则就可能会使其进入低等阶

层。其次是年龄的问题，中等阶层中年龄较大的人群，其劳动能力衰减，也可能使其收入降低而进入低等阶层。再次是行业收入分配差距的问题，随着经济的增长，行业之间的收入分配差距也是一个重要原因，出现了一些高收入行业（如证券业，计算机服务业，石油、天然气加工业，电力等）和一些相对收入较低的行业（如农业、纺织业等）。从统计年鉴统计的行业收入来看，2003年、2005年收入最高的信息传输、软件和信息技术服务业与收入最低的农林牧渔业的人均工资比率分别是4.49和4.73，2005年之后收入最高行业与最低行业的收入分配差距有所缩小，但还是比较高的，如2009年、2014年收入最高行业都是金融业，收入最低行业是农林牧渔业，这两个行业的工资比率分别是4.21、3.82。这些还只是官方统计的数字，实际上若再加上一些行业的隐性收入，收入分配差距肯定会更大。从事不同行业的人群由于收入的差距也有可能进入不同的阶层。除此之外当然还有其他一些因素的影响，使低等阶层很难提高其收入而进入高等阶层，故两极分化也就不断地加剧。

3. 收入的流动性现状与中等阶层的减少

本书我们采用中位数为划分界限，以中位数的50%～150%定义为中等阶层，分析中等阶层与EGR指数的关系。

图4-6显示极化指数与中等阶层规模的大小随时间向相反的方向变动，中等阶层的减少会促进收入的两极分化，如1998～2003年极化指数总体上升较快，相应的中等阶层的规模缩小比较迅速；2004～2006年极化指数上升缓慢，同时中等阶层的规模也相应缩小较慢；2007～2014年极化指数有下降趋势，同时中等阶层则有缓慢的扩大趋势。可见实证结果与直观感觉是一致的，中等阶层向高等或低等阶层的流动，会导致中等阶层的减少即凹陷，这样也就加速了收入的两极分化，使高等与低等阶层形成更为敌对的两个群体。

图4-7显示了两相邻年度中等阶层的流动与EGR指数的趋势，"中等阶层变化"表示中等阶层的人口比例从t年到$t+1$年的流动，"低等—中等"表示低等阶层从t年到$t+1$年向中等阶层流动的人口比例，"高等—中等"表示高等阶层从t年到$t+1$年向中等阶层流动的人口比例。如图所示，除了2002年的数据偏差可能比较大之外，这几条折线的变化趋势基本一致，这说明低等阶层向中等阶层的流动与高等阶层向中等阶层的流动，

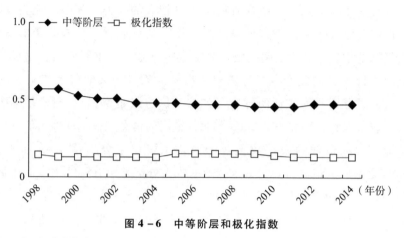

图 4 - 6 中等阶层和极化指数

注：极化指数采用 α = 1.3 时的数值。

引起的中等阶层的变化与极化指数的变化趋势基本是一致的，也就是中等阶层减少，极化指数增大，中等阶层增多，极化指数减少。具体来看，比如 1999 年中等阶层人数比 1998 年减少 1.63%，极化指数却增大了 0.05%，2013 年中等阶层人数比 2012 年增多了 0.37%，极化指数就减少了 0.04%。

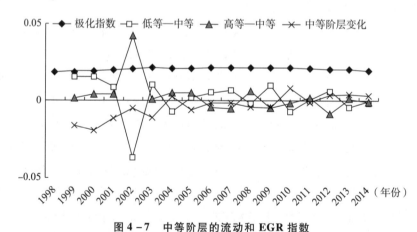

图 4 - 7 中等阶层的流动和 EGR 指数

注：极化指数采用 α = 1.0 的值，为了使图形显示得更清楚，图中的极化指数缩小到原来的 1/10，中等阶层定义为中位数收入的 75% ~ 150%。

表 4 - 3 显示了中等阶层的流动与极化指数增长的交叉相关性，中等阶层向高等阶层的流动比其向低等阶层的流动与 EGR 指数的增长有较高

的相关性，中等阶层向低等阶层流动与中等阶层向高等阶层流动呈负相关关系。

表 4 - 3　中等阶层的流动与 EGR 指数的增长的相关性

	中等—低等	中等—高等	极化指数的增长
中等—低等	1		
中等—高等	- 0.796272	1	
极化指数的增长	0.034521	0.511112	1

注：极化指数采用 α = 1.0 的值，中等阶层定义为中位数收入的 75% ~ 150%。

第四节　两极分化对经济和社会的影响

一　收入分配的两极分化与经济周期波动

收入分配的两极分化与经济周期以及失业率等经济变量的关系如何？图 4 - 8 显示了我国 GDP 增长率、失业率①和极化指数的趋势，在1998 ~ 2007 年，我国的经济增长速度与两极分化指数都是处于总体增长趋势，失业率则是处于总体下降趋势，经济增长与收入两极分化在 2007 年基本达到最高点，2008 年之后，由于美国次贷危机的影响，我国经济增速明显下降，并且之后总体处于下降趋势，两极分化指数也在 2007 年之后处于下降趋势，随着经济增速的缓慢，我国的失业率在 2007 年之后有缓慢的上升趋势。根据图 4 - 8 可以看出，极化指数的增长并没有对经济增长产生明显的负面影响，而是与经济增长的趋势基本一致，这说明经济的快速增长促进了两极分化，在经济快速增长的过程中，收入的不均衡分配使一部分人占有了较多的经济增长成果，而另一部分人得到的相对较少，甚至越来越贫困，导致社会两极分化的扩大。另外从图上看失业率对两极分化并没有明显的影响。

---

① 失业率：用从《中国统计年鉴》上查到的经济活动人口和就业人员的数据计算得到，用经济活动人口减去就业人员得到失业人员的数据，再除以经济活动人口就得到失业率的数据。

图 4 - 8　GDP 增长率、失业率和两极分化指数

注：数据来自各年度的《中国统计年鉴》，极化指数采用 α = 1.3 的值。

　　根据经济增长率、两极分化指数和失业率的数据我们计算了三者之间的相关系数，经济增长率和两极分化指数的相关系数是 0.7328，经济增长率和失业率之间的相关系数是 - 0.4269，这说明经济增长与两极分化的正相关性比较大，经济增长促进了两极分化的形成，而失业率与经济增长呈负相关，说明失业率的提高会影响经济的增长；另外两极分化指数与失业率的相关系数是 - 0.2491，说明失业率的提高会弱化收入的两极分化趋势，分析原因可能与我国自然形成的农村居民与城镇居民这样两大群体有关，因为农村居民主要从事农业，所以统计的实际失业人数就较少，而失业率的变化实际上主要是指城镇的失业率变化，这样我国的失业率增加主要是指城镇人口失业人数的增加，当失业率增加时，城镇居民的收入就会减少更多，因此城乡居民的收入会减少，两极分化程度也会相应减弱。

　　由于居民收入的两极分化与经济增长、失业都有一定的关系，这里我们用 EGR 指数分别拟合经济增长率和失业率。在 2008 年之后极化指数和失业率都有一定的下降趋势，因此我们在模型中设定一个虚拟变量表示这种趋势的变化，拟合结果显示良好。图 4 - 9 显示了拟合的 GDP 增长率残差和失业率残差的趋势，发现经济增长比较快的年份，其增长率的残差波动就比较大，如 2002 年、2007 年、2010 年和 2012 年等，其他年份 GDP 增长率的残差都表现得比较平稳；我国失业率一直变动不大，失业率的残差表现得也较为平稳。

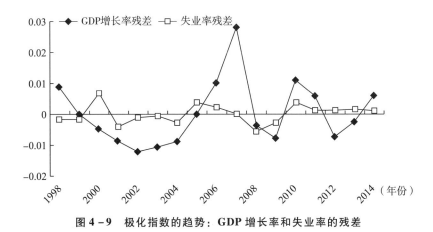

图 4 - 9　极化指数的趋势：GDP 增长率和失业率的残差

二　两极分化与社会影响

Esteban 和 Ray（1994）、Wolfson（1994）构造的两极分化指数，目的就在于反映社会的不平等与冲突，目前已越来越多在经济和政治决策中被考虑，显然是有实际意义的。虽然关于两极分化的现象较多地用在解释社会冲突方面，但目前还没有明显的证据足以反映两极分化与群体冲突的关系，已有的研究大多分析极化引起的政治或社会影响，在这里我们试图解释两极分化对犯罪率和劳动参与率等个人行为的影响。

关于两极分化对个人行为影响的研究也有一些，如 Becker（1968）、Pyle 和 Deanman（1994）、Corman 等（1987），后来经验性的研究更加注重对犯罪动机、犯罪审判系统的公正性等的影响，发现经济犯罪率是周期性的，经济衰退时，犯罪率增加；经济繁荣时，犯罪率减少。另一些研究集中在收入不平等对犯罪行为的影响，Esteban 和 Ray（1994）分析收入分配与社会冲突的关系，Lee 和 Shin（2011）则更强调了收入分配的两极分化是犯罪的一个重要影响因素，假设收入两极分化与犯罪有关系，随着收入分配的持续两极分化，不同群体间的收入流动性降低，将使富者更富，穷者更穷，这对穷人的影响远大于对富人的影响，穷人的预期收入就会降低，进而会降低他们的劳动积极性，提高其犯罪动机。截至目前，国内还没有发现关于犯罪与两极分化的研究。

下面我们看一下我国收入分配的两极分化与劳动参与率和犯罪率的关

系。我们试图用两极分化指数来解释犯罪率与劳动参与率，同时也对比了两极分化指数和基尼系数哪一个能更好地解释这两个指标。我们采用一般线性多元回归模型，变量是两极分化指数、基尼系数、犯罪率、劳动参与率。我国宏观经济在 2008 年金融危机后呈现一个明显的拐点，因此，我们设置一个虚拟变量来反映这种现象。犯罪率（起/亿元）用公安机关和检察机关统计的所有犯罪之和除以国民生产总值表示，劳动参与率用每年的就业人口除以 15 岁以上的人口得到，数据主要来自 1999 ~ 2015 年的《中国统计年鉴》。

我们采用双对数模型，表 4 – 4 显示了估计的结果，当单独模拟劳动参与率对 EGR 指数的影响时，劳动参与率对 EGR 指数的弹性是 – 1.6782，即当 EGR 指数提高 1%，劳动参与率将降低 1.6782%，统计结果在 1% 的水平下是显著的。当单独模拟劳动参与率与基尼系数的关系时，劳动参与率对基尼系数的弹性是 – 0.3252，统计结果在 1% 的水平下是显著的，这说明基尼系数增加 1%，将使劳动参与率降低 0.3252%。很显然，两极分化对劳动参与率的负面影响要大于基尼系数即收入不平等的负面影响。

当单独模拟 EGR 指数对犯罪率的影响时，犯罪率对极化指数的弹性是 3.8863，即 EGR 指数增加 1%，犯罪率增加 3.8863%，其统计结果在 1% 的水平下显著；当单独模拟基尼系数对犯罪率的影响时，犯罪率对基尼系数的弹性为 3.7378，统计结果在 1% 的水平下显著。这说明两极分化对犯罪率的影响要稍大于基尼系数，这也进一步提醒我们要重视我国社会的两极分化。

表 4 – 4　两极分化、劳动参与率、犯罪率的关系

劳动参与率的对数	Log（*EGR*）	– 1.6782（0.0013）	
	Log（*Gini*）		– 0.3252（0.0000）
犯罪率的对数	Log（*EGR*）	3.8863（0.0001）	
	Log（*Gini*）		3.7378（0.0000）

注：极化指数用 $\alpha = 1.3$ 的值，表格中数据为 OLS 估计所得系数，括号里面的数字为 t 统计量的 p 值。

由以上分析可知，两极分化对于劳动参与率和犯罪率的影响都是比较显著的，并且都大于基尼系数对其的影响，故用两极分化指数来分析解释

这两个指标要比基尼系数能更好地说明问题。

第五节　本章小结

我国居民收入分配差距问题的严重性已经引起大家的关注，但是收入的极化问题还有待进一步讨论，本书就根据我国已有的居民收入数据，利用 EGR 指数模型测算了我国居民收入的两极分化状况，分析了收入两极分化的特点，并与世界其他国家做了对比分析，进一步分析了我国中等阶层的特点和收入的流动性及两极分化对我国的经济和社会产生的影响。根据我们计算的两极分化指数和基尼系数，得出如下的主要结论。

一是，在分析期内居民收入的两极分化与不平等都总体上呈现先增长后降低的趋势，但是其收入不平等程度是大于其两极分化程度的。二是，与其他国家相比，我国基尼系数的增长速度确实更应引起关注，相对来说，收入极化程度较为平稳，并不是很高。三是，中等阶层向高等阶层的流动对两极分化的贡献较大，另外中等阶层向上向下的流动导致其所占比例减小，这也促进了收入的两极分化。四是，两极分化对经济增长有显著的正影响，失业率的增加对两极分化和经济增长都有一定的负面影响。五是，两极分化指数与基尼系数对劳动参与率和犯罪率都有显著的影响，但是两极分化指数对其的影响更大一些，这说明用两极分化指数比基尼系数能更好地分析其对经济和社会的影响。

本书通过分析可以看出，我国收入两极分化产生的原因主要产生于中等阶级所占比例的减小及其向两极点的聚集。与其他国家相比，我国的收入极化并不是很严重，而收入不公平却达到较高的程度，国家在制定收入分配政策时应更注重收入的公平性，尤其是农村居民的收入公平性。由于中等阶层在两极分化过程中的关键性作用，我们也应特殊对待，围绕如何稳定扩大中等阶层的规模，促进不同阶层间收入的流动性，以达到减缓收入极化的趋势，这是目前政策制定重点关注的问题。对于此问题的解决，除了考虑居民的劳动现金性收入之外，还要考虑居民的非现金性收入（如公共教育、医疗卫生、各类政府补贴等）。

第五章　间接税对居民收入
分配的影响

居民的收入分配实际上是由很多因素决定的，比如劳动收入、资本收入、税收、政府的转移支付等，其中政府税收是最重要的因素之一。税收一般分为直接税和间接税，但目前我国还是以间接税为主的，其是税收的主要来源。间接税税率的变化直接影响到生产要素和商品价格的变化，从而影响到居民的收入和消费需求等，故政府可以通过对间接税税率的调整来影响我国居民的收入分配。

自 20 世纪 50 年代初，Musgrave 将一般均衡模型理论引入税收研究领域之后，不少国外学者已经建立了关于税制改革的可计算一般均衡（Computable General Equilibrium，CGE）模型。CGE 模型是根据 Walras 一般均衡原理，通过一组方程来描述供给、需求以及市场均衡之间的关系的，在一系列优化条件约束下得出整个市场达到均衡的一组数量和价格，进而达到对所研究的经济系统进行模拟分析和预测的目的。20 世纪 80 年代以来，计算机技术的快速发展以及计算一般均衡模型的软件的出现，不仅促进了 CGE 模型的发展，而且使模型更加向规模巨大、动态化、多国化的方向发展。本章内容根据我们构建的我国 2007 年的社会核算矩阵，利用可计算一般均衡模型分析我国间接税的调整对城乡居民收入分配的影响。为了考察更详细的居民的收入分配问题，我们把城乡居民按收入分为 12 个阶层进行研究，以期对我国政府利用税收调整解决城乡居民收入分配不公的问题提供一定的参考。

第一节　CGE 模型的建立

可计算一般均衡（CGE）模型是把 Walras 的一般均衡理论由一个抽象的形式变为现实经济的实际模型，根据生产者利润最大化原则和消费者效用最大化原则，确定最优的商品供给量和需求量，当最优的供给量与需求量相等时，经济系统达到最稳定的均衡状态。本书根据一般均衡模型的基本原理，构建了研究间接税税率的调整对居民收入影响的 CGE 模型，包括价格模块、生产和贸易模块、机构收支模块和系统约束模块，共由 37 个方程组成。在这些方程中，既有外生变量，又有内生变量，其经济含义如表 5 - 1 所示。外生变量的变化对经济系统任何一部分所造成的影响将波及整个系统，导致商品、要素的数量和价格发生相应的变化，使整个经济系统从一个均衡状态过渡到另一个均衡状态。模型如下，模型中的下标 i 和 j 表示划分的 1 ~ 18 个行业，下标 f 表示要素（包括三种类型的劳动力和资本），下标 k 表示城乡居民的 1 ~ 12 个阶层。

1. 价格模块

$$PM_i = (1 + t_i^m) \cdot e \cdot PWM_i \tag{5.1}$$

$$PE_i = e \cdot PWE_i \tag{5.2}$$

$$P_i X_i = PS_i \cdot XS_i + PM_i \cdot M_i \tag{5.3}$$

$$PD_i \cdot XD_i = PS_i \cdot XS_i + PE_i \cdot E_i \tag{5.4}$$

$$(1 - t_i^t) PD_i = v_i \cdot PVA_i + \sum_{j=1}^{18} a_{ji} \cdot P_j \tag{5.5}$$

$$\overline{CPI} = \sum_{i=1}^{18} P_i \cdot cwts_i \tag{5.6}$$

$$\overline{CPI} = \sum_{i=1}^{18} PS_i \cdot dwts_i \tag{5.7}$$

方程（5.1）~ 方程（5.7）描述了模型的价格方程组，方程（5.1）、方程（5.2）表明假设我国为"小国经济"，即本国市场价格不影响国际市场的价格，在进出口贸易中只是国际市场价格的接受者。方程（5.3）~ 方程（5.5）表示总产出价格、合成加价和附加价值价格的构成。

2. 生产和贸易模块

$$VA_i = v_i \cdot XD_i \tag{5.8}$$

$$VA_i = \alpha_i \cdot \left(\sum_f \delta_f \cdot QF_{fi}^{-\rho_i} \right)^{-1/\rho_i} \tag{5.9}$$

$$WF_f \cdot \overline{wfdist_{fi}} = PVA_i \cdot VA_{fi} \cdot \left(\sum_f \delta_{fi} \cdot QF_{fi}^{-\rho_i} \right)^{-1} \cdot \delta_{fi} \cdot QF_{fi}^{-\rho_i-1} \tag{5.10}$$

$$XD_i = AT_i [\, q_i E_i^{r_i} + (1 - q_i) XS_i^{r_i} \,]^{\frac{1}{r_i}} \tag{5.11}$$

$$\frac{E_i}{XS_i} = \left(\frac{PE_i}{PD_i} \cdot \frac{1 - q_i}{q_i} \right)^{\frac{1}{r_i-1}} \tag{5.12}$$

$$X_i = AC_i [\, d_i M_i^{-a_i} + (1 - d_i) XS_i^{-a_i} \,]^{-\frac{1}{a_i}} \tag{5.13}$$

$$\frac{M_i}{XS_i} = \left(\frac{PD_i}{PM_i} \cdot \frac{d_i}{1 - d_i} \right)^{\frac{1}{1+a_i}} \tag{5.14}$$

$$ITD_j = \sum_{i=1}^{n} a_{ji} \cdot XD_i \tag{5.15}$$

方程（5.8）～方程（5.15）描述了模型的生产和贸易方程组，方程（5.9）表示每种生产活动的总附加值是不同的生产要素量的 CES（可替代弹性）函数；方程（5.10）根据每种要素的边际成本等于产品的边际收益，描述了要素的价格；方程（5.11）和方程（5.12）描述了国内产出在国内市场销售和出口的优化分配，式（5.11）是 CET（可转换弹性）函数；方程（5.13）和方程（5.14）描述了国内销售的商品来源于进口商品和国内产品之间的优化分配，式（5.13）是 Armington 方程，体现了进口商品和国内产品的不完全替代性，式（5.14）定义了国内产品和进口商品的最优比率；方程（5.15）定义了生产活动的中间投入量。

3. 机构收支模块

$$YF_f = \sum_i WF_f \cdot \overline{wfdist_{fi}} \cdot QF_{fi} \tag{5.16}$$

$$HL_k = shif_{kl} \cdot YF_l \tag{5.17}$$

$$HC_k = shif_{kc} \cdot YF_c \tag{5.18}$$

$$HI_k = HL_k + HC_k + HRI_k + HG_k + HB_k + HF_k + HFL_k \tag{5.19}$$

$$HT_k = \tau_k \cdot HI_k \tag{5.20}$$

$$HS_k = s_k \cdot HI_k \tag{5.21}$$

$$P_i \cdot CD_{ki} = \alpha_i (\theta_k \cdot HI_k) \tag{5.22}$$

$$BC = shif_{bf} \cdot YF_c \tag{5.23}$$

$$BI = BC + BRI + BF + BG \tag{5.24}$$

$$BS = BI - BRE - \eta \cdot BI - HB \tag{5.25}$$

$$GR = STR + SITX + GRI + \sum_{k=1}^{12} HT_k + \eta \cdot BI + GF \qquad (5.26)$$

$$P_i \cdot GD_i = g_i \cdot \left(GR - GS - GRE - BG - \sum_{k=1}^{12} HG_k \right) \qquad (5.27)$$

$$GS = \lambda \cdot GR \qquad (5.28)$$

$$STR = \sum_{t=1}^{18} e \cdot t_i^m \cdot PWM_i \cdot M_i \qquad (5.29)$$

$$SITX = \sum_{i=1}^{18} t_i^s \cdot PD_i \cdot XD_i \qquad (5.30)$$

方程（5.16）～方程（5.30）描述了模型的机构收入支出方程组，主要包括居民、企业和政府等的收入支出，方程（5.16）～方程（5.19）描述了居民的收入，方程（5.20）～方程（5.22）分别描述了居民的所得税、储蓄和消费，方程（5.23）～方程（5.25）分别描述了企业的要素收入、总收入和储蓄，方程（5.26）～方程（5.28）分别描述了政府的总收入、消费和储蓄，方程（5.29）和方程（5.30）分别描述了政府的关税收入和间接税收入。

4. 系统约束模块

$$\sum_{i=1}^{18} P_i \cdot c_{ij} \cdot Z_j = \beta_j \cdot TI - \left(\sum_{j=1}^{18} \beta_j = 1 \right) \qquad (5.31)$$

$$ID_i = \sum_{j=1}^{18} c_{ij} \cdot Z_j \qquad (5.32)$$

$$TI = BS + GS + e \cdot FS + \sum_{k=1}^{12} HS_k \qquad (5.33)$$

$$FS = \left(\sum_{i=1}^{18} PWM_i \cdot M_i + FRI \right) - \left(\sum_{i=1}^{18} PWE_i + \sum_{k=1}^{3} HFL_k + \sum_{k=1}^{12} HF_k + BF + FRE + GF \right)$$

$$(5.34)$$

$$X_i = ITD_i + CD_i + GD_i + ID_i \qquad (5.35)$$

$$\sum_{i=1}^{18} L_{ki} = L_k^* \qquad (5.36)$$

$$\sum_{i=1}^{18} K_i = K^* \qquad (5.37)$$

方程（5.31）～方程（5.37）描述了模型的系统约束方程组，方程（5.31）～方程（5.33）描述了投资和储蓄的均衡，方程（5.34）描述了国际收支的均衡，方程（5.35）描述了供给和需求的均衡，方程（5.36）和方程（5.37）描述了要素的均衡。

表 5 – 1　模型中的变量和参数

内生变量		
PM_i：进口商品国内价格	PE_i：出口商品国内价格	P_i：复合商品价格
PS_i：国内生产国内消费的价格	X_i：复合商品数量	M_i：进口商品数量
XS_i：国内生产国内销售的商品量	XD_i：国内产出商品的数量	PD_i：国内商品的产出价格
E_i：出口商品的数量	PVA_i：附加值价格	$\overline{CPI}$：消费者价格指数
$\overline{DPI}$：生产者价格指数	VA_i：附加值数量	WF_f：要素的平均价格
QF_{fi}：生产活动的要素需求	ITD_j：中间投入量	HL_k：居民的劳动收入
YF_f：要素总收入	HC_k：居民的资本收入	HI_k：居民的总收入
HT_k：居民的所得税	HS_k：居民的储蓄	CD_{ki}：居民各行业的商品消费
BC：企业的资本要素收入	BI：企业的总收入	BS：企业的储蓄
GR：政府的总收入	STR：关税收入	$SITX$：间接税收入
GD_i：政府各行业商品的消费	GS：政府的储蓄	Z_j：各产业的投资需求
TI：总投资	ID_i：投资需求	L_{ki}：居民的劳动供给
K_i：各行业的资本供给		
外生变量		
PWE_i：出口商品国际价格	PWM_i：进口商品国际价格	HF_k：国外对居民的转移支付
HG_k：政府对居民的转移支付	HB_k：企业对居民的转移支付	HFL_k：居民的国外劳动收入
GF：政府的国外净收入	HRI_k：居民的财产收入	BF：企业的国外收入
BRI：企业的财产收入	HB：企业对居民的转移支付	BG：政府对居民的转移支付
BRE：企业的财产支出	GRI：政府的财产收入	GRE：政府的财产支出
FRE：国外的财产支出	FS：国外储蓄	FRI：国外的财产收入
参数		
t_i^s：间接税	t_i^m：进口关税率	a_{ij}：中间投入系数
v_i：附加值比率	$cwts_i$：复合商品价格的权重	$dwts_i$：国内生产商品价格的权重
δ_{fi}：附加值 CES 函数的份额参数	$wfdist_{fi}$：工资扭曲系数	AT_i：CET 函数的转移参数
γ_i：CET 函数的指数	ρ_i：附加值 CES 函数的指数	q_i：CET 函数的份额参数
d_i：CES 函数的份额参数	AC_i：CES 函数的转移参数	a_i：CES 函数的指数
$shif_{kl}$：居民的劳动收入比率	$shif_{kc}$：居民的资本收入比率	τ_k：居民的所得税税率
s_k：居民的储蓄率	λ_i：居民对各行业产品的消费比率	θ_k：居民的消费比率
g_i：政府的消费比率	$shif_{bf}$：企业的资本收入比率	c_{ij}：对各行业的投资比率
e：汇率	β_j：各产业的投资比率	

第二节　模型的数据来源与参数的确定

一　CGE 模型的数据来源

CGE 模型的数据基础是社会核算矩阵（Social Account Matrix，SAM），它提供了一个包含国民收入、生产账户和投入产出信息的框架，全面刻画了生产部门之间、非生产部门之间、生产部门和非生产部门之间的经济联系，即经济活动的生产、分配、消费和资本积累等几个方面，为分析一国或地区的整体经济提供了基准数据，目前 SAM 表已成为 CGE 模型的标准数据结构。

SAM 表的一个主要数据来源是投入产出表，在投入产出表的基础上增加了非生产部门，从而使其能够反映社会活动中各部门之间的经济联系。SAM 表以二维表的形式记录在一定时期内对一国各种经济行为主体之间发生的数量关系，以行（借方）表示账户的收入，以列（贷方）表示账户的支出，根据会计记账中收支相等的原则，每个账户对应的行和与列和必须相等。本书根据 SAM 表的构造原理，设计了本章所用的中国 2007 年的SAM 表，宏观 SAM 表主要包括 10 个账户，分别是活动、商品、劳动、资本、居民、企业、政府、国外、财产、投资储蓄。数据主要来自 2007 年投入产出表、《中国统计年鉴 2008》、《中国财政年鉴 2008》、《中国劳动统计年鉴 2008》和《中国城市（镇）生活与价格年鉴2008》。根据初始数据建立的 SAM 表是不平衡的，本书采用 CE 方法对 SAM 表进行平衡处理。表5 - 2 是本书构建的调平后的中国 2007 年的宏观社会核算矩阵的数据。微观社会核算矩阵的建立方法见第三章第三节。

表 5 - 2　中国 2007 年调平后的宏观 SAM

单位：千亿元

		生产活动		生产要素		机构部门				财产	投资储蓄	合计
		活动	商品	劳动	资本	居民	企业	政府	国外			
生产活动	活动		805.32									805.32
	商品	546.90				97.83		35.81	87.68		114.9	883.12

续表

		生产活动		生产要素		机构部门				财产	投资储蓄	合计
		活动	商品	劳动	资本	居民	企业	政府	国外			
生产要素	劳动	107.28							0.294			107.57
	资本	113.68										113.68
机构部门	居民			107.57	35.64		2.34	9.57	2.64	8.89		166.65
	企业				78.04			0.60	1.42	28.41		108.47
	政府	37.46	7.37			13.72	10.23		-0.014	1.36		70.13
	国外		70.43							4.56		74.99
财产						2.78	34.25	1.04	5.15			43.22
投资储蓄						52.32	61.65	23.11	-22.18			114.90
合计		805.32	883.12	107.57	113.68	166.65	108.47	70.13	74.99	43.22	114.9	

二 参数的校准和设定

CGE 模型的参数可以分为两类：一类是份额参数，这类参数通常用校准方法求得，如生产函数、CET 函数、Armington 函数中的份额参数、转移参数、政府转移支付比率以及各种税率等用校准法确定；另一类是弹性参数，弹性参数主要是外生给定的，包括生产要素之间的替代弹性、贸易函数中的弹性、居民需求函数中的弹性等，其值的大小将直接影响校准参数和模型模拟的结果。本书中的弹性参数主要根据 Dervis（1982）、Zhuang（1996）、郑玉歆和樊明太（1999）的研究结果直接设定，份额参数主要根据 2007 年的社会核算矩阵的基础数据计算得到。

第三节 间接税对居民收入分配的影响

间接税的一个重要特点就是可以转嫁，基于 SAM 表描述的产业链上各部门的相互关联性，其中一个部门的变化将波及另一个部门或整个经济系统。如果间接税的税率降低，在保证企业利润率不变的情况下，企业的要素价格和生产的商品价格也会相应地降低，但不会立刻降下来，需要通过生产、消费的循环过程才能达到最后的平衡状态，那么在这个过程中，企业将以原来的销售价格销售商品,间接税的负担就会过多地转嫁给消费者,使消费者的负担加重,要素的价格受间接税税率降低的影响而降低,导致家庭账户的收入降低,这使消费者的消费会进一步减少,商品需求的减少又会影响到商品的生产,最终会通过经济过程的循环来影响商品的最终产出,商品价格的变化也会对商品的进出口产生相应的影响,进而会使整个社会经济达到一个新的均衡状态。

本书所研究的间接税主要包括消费税、营业税和增值税,直观上,间接税税率的降低,将引起商品的生产成本、进口和出口商品等价格的变动,同时生产要素价格的变化也会对居民的收入产生一定的影响。这里我们将利用构建的一般均衡模型主要分析我国间接税税率降低 10%,对我国城乡各阶层居民的收入产生的影响。实际上,间接税税率的降低会影响到模型中所有内生变量的变化,如间接税税率降低 10%,政府的间接税收入会减少 0.101%,总收入减少 4.949%,企业总收入增加 0.121% 等。根据我们的研究需要,本书仅详细列出了间接税税率的降低对居民收入的影响的结果。表5-3 列出了间接税税率降低 10% 对城乡各阶层居民收入分配的影响。

间接税税率的降低对居民收入的影响,主要是要素价格的变化,使居民的收入产生相应的变化,同时要素价格的变化,会使生产成本发生变化,进而使产出商品的价格也发生变化,这样通过一系列商品价格的变化,就会影响居民的消费,根据居民消费的变化,最终又会使商品的总产出发生相应的调整。整个社会经济的循环,使社会经济最终在新的位置达到均衡。

居民的收入主要包括要素收入(包括劳动力和资本)、财产收入和其他机构对居民的转移支付等,由于数据的可得性限制,我们假设农村居民的劳动收入主要由农村劳动力提供,城市居民的劳动收入主要由生产性工人和专业技术人员提供,结果得到的是各种劳动要素的平均数据,各阶层的各种收入都是在农村和城市居民所得的基础上按比例划分的。

由表5-3 可以看出,间接税税率降低 10%,对农村居民的影响是:农村居民的平均劳动力收入将提高 1.401%,资本的平均收入提高 1.591%。间接税税率降低 10%,使低收入、中低收入、中等收入、中高等收入和高等收入阶层的总收入分别提高 1.356%、1.431%、1.478%、1.457% 和 1.427%,总收入提高最多的是中等收入阶层,最少的是低收入阶层，说明间接税税率的降低，有利于提高农村中等收入阶层居民的总收入，但对低收入阶层居民总收入提高的比例较低。对城市居民的影响是：城市居民中生产性工人提供的平均劳动力收入提高 1.676%，专业技术人员的平均收入提高 1.135%，资本的平均收入提高 1.591%，最低收入、低收入、中低收入、中等收入、中高等收入、高等收入、最高收入阶层的总收入分别提高 1.009%、0.867%、1.066%、1.032%、0.993%、0.913%、0.563%，城市居民总收入提高最多的是中低收入阶层，最少的是最高收入阶层，说明间接税税率的降低有利于提高城市中低收入阶层居民的总收入，但使最高收入阶层居民的总收入提高得较少。

表 5 - 3　间接税税率的降低对居民收入的影响

单位：%

居民		间接税税率降低 10%		
		农村劳动力	资本	总收入
农村居民	低收入	1.401	1.591	1.356
	中低收入	1.401	1.591	1.431
	中等收入	1.401	1.591	1.478
	中高等收入	1.401	1.591	1.457
	高等收入	1.401	1.591	1.427
城市居民		生产性工人	专业技术人员	资本	总收入
	最低收入	1.676	1.135	1.591	1.009
	低收入	1.676	1.135	1.591	0.867
	中低收入	1.676	1.135	1.591	1.066
	中等收入	1.676	1.135	1.591	1.032
	中高等收入	1.676	1.135	1.591	0.993
	高等收入	1.676	1.135	1.591	0.913
	最高收入	1.676	1.135	1.591	0.563

第四节　本章小结

本章根据我们构建的可计算一般均衡模型，利用我国 2007 年的社会核算矩阵的数据，模拟分析了我国间接税的调整对城乡居民收入分配的影响。

通过模拟分析结果，我们可以看出：间接税税率的降低使农村各阶层居民的要素收入（劳动力和资本）和总收入（财产收入、其他机构对居民的转移支付等）都得到不同程度的提高，其中总收入提高最多的是中等收入阶层，最少的是低收入阶层，说明间接税税率的降低，有利于提高农村中等收入阶层居民的总收入，但不能较大幅度地提高农村低收入阶层的总收入。间接税税率降低使城市各阶层居民的收入也有不同程度的提高，收入提高最多的是中低收入阶层，最少的是最高收入阶层，这说明间接税税率的降低有利于提高城市中低收入阶层居民的总收入，但使最高收入阶层居民的总收入提高得较少。

总的来看，间接税税率的降低使农村劳动力收入提高的比例要大于专业技术人员的劳动力收入比例，而且农村各阶层的总收入提高的比例也都大于城市各阶层总收入提高的比例，说明农村各阶层负担的间接税的比率要大于城市各阶层，间接税税率的降低将有利于农村各阶层总收入的增加。间接税税率的降低，在一定程度上有利于减少农村各阶层的负担，提高其总收入，缩小城乡各阶层居民的收入分配差距，减弱其两极分化的趋势，有助于解决我国收入分配不公的问题，促进社会更加和谐。

第六章 转移性收入对居民收入
分配的影响

我国居民收入分配的不平等不仅表现在居民的初次收入分配上，而且在再分配过程中的不平等程度也同样不能忽视，尤其是我国财政收入的再分配并没有发挥其促进社会公平的应有作用。近年来我国政府用于收入再分配的财政支出比例不断提高，如在 1995 年、2000 年、2009 年政府的财政用于社会保障方面的支出分别是 115 亿元、552.94 亿元、7606.68 亿元，占财政支出的比重依次为 1.69%、5.23%、9.97%。尽管我国政府的收入再分配力度一直在加大，但居民的收入分配差距没有呈现明显的缩小趋势，如 1995 年、2000 年、2009 年我国城市居民的人均可支配收入分别是农村居民人均可支配收入的 2.71 倍、2.79 倍、3.33 倍，而从 1995 年到 2009 年，我国城镇 20% 最高收入居民与农村 20% 最低收入居民之间的可支配收入分配差距由 13 倍增长到 24 倍，这明显说明我国的财政政策在调节居民收入分配方面的功能效果实在是不太理想。本章内容主要从居民收入来源的角度分析各项收入对居民收入的影响，尤其是从居民的转移性收入方面来分析我国居民的收入分配状况。

第一节 转移性收入的概念、 研究方法和数据来源

一 转移性收入的概念

转移性收入是指国家、单位、社会团体对居民家庭的各种转移支付和居民家庭间的收入转移。根据《中国统计年鉴》的界定，城镇居民的转移

性收入主要包括两大类。第一类是政府的转移支付收入，主要包括"离退休金""价格补贴""抚恤和社会福利救济"等。其中"离退休金"是居民转移性收入的主要组成部分，所占份额为 60%～70%，根据支付对象的不同，"离退休金"又分为由国家财政对国家行政事业单位离退休人员支付的"行政事业单位离退休金"和企业对企业内部离退休职工支付的"国有、集体企业离退休金"两部分，国有企业和集体企业也由政府管制，故此部分也可视为间接性的政府支出；"价格补贴"主要是国家财政的"政策性补贴"中对城镇居民的"肉食品价格补贴"部分；"抚恤和社会福利救济"主要包括"抚恤支出""离退休费""社会救济福利费""救灾支出"等。第二类是居民家庭内部的转移性收入，包括"赡养收入""赠送收入""亲友搭伙费""记账补贴"等，这些基本上是发生在居民家庭内部，并不属于政府收入再分配的范畴，且所占份额较小，并不影响我们对政府支付所形成的转移性收入的分析。

二 研究方法

这里我们对居民收入不平等的研究主要以转移性收入为研究对象，采用广义熵指数来度量居民收入的不平等程度，主要分两部分来研究：一是按区域分解的不平等分析，二是按收入来源分解的不平等分析。

（一）GE 指数计算

根据区域分解的分析需要，我们采用广义熵（Generalized Entropy，GE）指数对收入不平等程度进行度量（Shorrocks，1980，1984）。GE 指数的表达式如下：

$$I(y) = \begin{cases} \sum_{i=1}^{n} f(y_i)[(y_i/u)^c - 1], c \neq 0,1 \\ \sum_{i=1}^{n} f(y_i)(y_i/u)\text{Log}(y_i/u), c = 1 \\ \sum_{i=1}^{n} f(y_i)\text{Log}(y_i/u), c = 0 \end{cases} \quad (6.1)$$

在式（6.1）中，y_i 是第 i 个样本的收入，u 是总样本的平均收入值，$f(y_i)$ 是第 i 个样本人口占总样本人口的比重。无论参数取何值，GE 指数都可按区域分解。当 $c = 10$ 时，GE 指数便成了泰尔指数的两种表达方式。不论 $c = 1$ 还是 $c = 0$，两种 GE 指数的计算结果基本上是相同的。为了简单处理，在本书我们只取 $c = 0$。

（二）区域分解方法

Kanbur 和 Zhang（1999）根据 GE 指数，在对样本进行分组的基础上，将 GE 指数分解成组内不平等和组与组之间的不平等。其表达式如下：

$$I(y) = \sum_{g=1}^{k} W_g I_g + I(u_1 e_1, \cdots, u_k e_k) \tag{6.2}$$

$$W_g = \begin{cases} f_g(u_g/u)^c, c \neq 0,1 \\ f_g(u_g/u), c = 1 \\ f_g, c = 0 \end{cases}$$

其中，k 是外生给定的组数，用 g 标明。I_g 表示第 g 组的不平等（GE 指数值），u_g 是第 g 组的收入平均值，e_g 是长度为 n_g 的一个向量，n_g 是第 g 组的人口数。如果 n 表示所有组的总人口数，那么 $f_g = n_g/n$，在式（6.2）中，$W_g I_g$ 表示组内不平等程度，$[W_g I_g / I(y)] \times 100\%$ 表示第 g 组的不平等程度对总体不平等程度的贡献率。$I(u_1 e_1, \cdots, u_k e_k)$ 表示总体不平等程度的组间不平等部分，$[I(u_1 e_1, \cdots, u_k e_k) / I(y)] \times 100\%$ 表示组间不平等程度对总体不平等程度的贡献率。实际上根据我们的研究需要可将式（6.2）分解为泰尔指数的形式：

$$IR = \sum_{i=1}^{n} (NR_i/NR) \ln(XR/XR_i) \tag{6.3}$$

$$IC = \sum_{i=1}^{n} (NC_i/NC) \ln(XC/XC_i) \tag{6.4}$$

$$IM = (NR/N)\ln(X/XR) + (NC/N)\ln(X/XC) \tag{6.5}$$

$$I = IM + (NR/N)IR + (NC/N)IC \tag{6.6}$$

在式（6.3）～式（6.6）中，IR 表示农村区域内不平等指数，IC 表示城市区域内不平等指数，IM 表示农村 – 城镇区域间不平等指数，I 表示总区域内不平等指数；NR_i 表示第 i 个省份农村总人口数，NR 表示农村区域内人口总数，NC_i 表示第 i 个省份城镇总人口数，NC 表示城镇区域内人口总数，N 表示总区域内人口数（全国总人口），XR 表示农村区域内人均收入，XR_i 表示第 i 个省份农村人均收入，XC 表示城镇区域内人均收入，XC_i 表示第 i 个省份城镇人均收入，X 表示全国居民人均收入；n 为样本数。

（三）分项收入不平等分解方法

在 Shorrocks（1980）的文章中，同时也提出了基本的不平等指数——用方差形式设计的不平等指数，并提出了以该指数进行分项收入不平等分解的方法，本书的分析中将采用该分解方法。

在该方法中，各分项收入不平等贡献率的计算公式如下：

$$S\ (Y^K,\ Y)\ =\ [COV\ (Y^K,\ Y)\ /\sigma^2\ (y)]\ \times 100\% \qquad (6.7)$$

其中，Y^K 表示第 K 项收入，Y 表示总收入；$COV\ (Y^K,\ Y)$ 为各样本的第 K 项收入与总收入的协方差值，$\sigma^2\ (y)$ 是总收入的样本方差值；$S\ (Y^K,\ Y)$ 是第 K 项收入不平等对总收入不平等的贡献率。

三　数据来源

本书就根据以上介绍的方法对我国居民的转移性收入对居民收入分配的影响进行分析，所采用的数据主要来自历年的《中国统计年鉴》。根据《中国统计年鉴》的数据可知，西藏的统计数据直到 1999 年才较为全面，个别缺失的数据我们根据相关数据推断得出，因此我们所用的样本数据年份是 1999～2009 年，在每一年中，样本数据包括每个省份的农村居民和城镇居民（不包括军人）的人均收入和各分项收入。农村居民的样本数据为"人均纯收入"、"人均工资性收入"、"人均家庭经营性收入"、"人均转移性收入"和"人均财产性收入"。城镇居民的样本数据为"人均可支配收入"、"人均总收入"、"人均工资性收入"、"人均转移性收入"、"人均财产性收入"和"人均其他收入"。由于历年的统计口径不太一致，1999～2004 年的城乡人口按照从事农业和非农业的人口比例划分为城镇人口和乡村人口，2005～2009 年则直接用统计年鉴上的城镇人口和乡村人口数据。这样样本中共有 31 个省份各年数据，共有 341 个样本数据。数据主要来自历年的《中国统计年鉴》和《中国人口统计年鉴》。

第二节　转移性收入对区域居民收入分配的影响

本节对转移性收入对区域居民收入分配的影响主要从两方面分析。首先，采用 GE 指数的区域分解的方法，分别考察包含转移性收入和不包含转移性收入的居民人均纯收入两个样本数据集，可以分析转移性收入在对全国居民收入分配差距、农村居民收入分配差距、城镇居民收入分配差距和城乡居民之间收入分配差距的影响。

根据区域分解的方法，将样本数据分为农村居民和城镇居民两组，故全国的收入不平等可分为农村区域内的不平等、城镇区域内的不平等以及城乡区域间的不平等（Kanbur and Zhang，1999）。运用 GE 指数的区域分解的方法［见式（6.3）～式（6.6）］，可得到两组数据：包含转移性收入条件下居民人均纯收入分配差距（GE 指数）和不包含转移性收入条件下居民人均纯收入分配差距（GE 指数）。如表 6 - 1 所示的农村区域内、城镇区域内、城乡区域间和全国总区域的居民收入包含转移性收入和不包含转移性收入的 GE 指数。图 6 - 1 显示了农村区域、城镇区域、城乡区域和全国总区域居民总收入中包含转移性收入对不包含转移性收入的扩大趋势。

表 6 - 1　包含转移性收入和不包含转移性收入的 GE 指数

年份	农村区域内		城镇区域内		城乡区域间		全国总区域	
	包含转移性收入	不包含转移性收入	包含转移性收入	不包含转移性收入	包含转移性收入	不包含转移性收入	包含转移性收入	不包含转移性收入
1999	0.0455	0.0446	0.0331	0.0347	0.0992	0.0576	0.1416	0.0997
2000	0.0446	0.0402	0.0356	0.0437	0.1367	0.0872	0.1780	0.1296
2001	0.0499	0.0493	0.0350	0.0352	0.1233	0.0731	0.1691	0.1185
2002	0.0496	0.0489	0.0299	0.0331	0.1384	0.0778	0.1824	0.1223
2003	0.0512	0.0507	0.0325	0.0383	0.1581	0.0961	0.2038	0.1430
2004	0.0488	0.0482	0.0331	0.0378	0.1595	0.0983	0.2034	0.1433
2005	0.0478	0.0471	0.0327	0.0388	0.1725	0.1106	0.2137	0.1541
2006	0.0487	0.0485	0.0318	0.0377	0.1764	0.1165	0.2176	0.1602

年份	农村区域内		城镇区域内		城乡区域间		全国总区域	
	包含转移性收入	不包含转移性收入	包含转移性收入	不包含转移性收入	包含转移性收入	不包含转移性收入	包含转移性收入	不包含转移性收入
2007	0.0448	0.0450	0.0230	0.0332	0.1741	0.1165	0.2111	0.1560
2008	0.0416	0.0436	0.0264	0.0323	0.1697	0.1145	0.2041	0.1528
2009	0.0420	0.0447	0.0262	0.0326	0.1709	0.1136	0.2053	0.1525

（1）如表6-1所示，我们来分析农村区域内转移性收入对区域内居民收入分配差距的影响。1999~2006年，包含转移性收入的收入分配差距明显大于不包含转移性收入的收入分配差距，GE指数高出的幅度为0.0002~0.0044，同时也可以看出，转移性收入导致的农村居民内部的收入分配差距的整体趋势是处于下降趋势的，尤其是2007~2009年，包含转移性收入的农村区域内居民的收入分配差距（GE指数）开始小于不包含转移性收入的农村区域内居民的收入分配差距（GE指数）。这说明在农村区域内，转移性收入已经开始对居民的收入分配起一定的缩小收入分配差距的作用，GE指数缩小的幅度为0.0002~0.0027。可见，近年来随着政府对农村区域经济发展、农民收入问题的重视，转移性收入在农村内部的再分配效果有一定的作用。

（2）我们来分析城镇区域内转移性收入对区域内居民收入分配差距的影响。由表6-1可以看出，在分析期内，即1999~2009年，包含转移性收入的城镇居民的收入分配差距（GE指数）明显小于不包含转移性收入的城镇居民的收入分配差距（GE指数），GE指数缩小的幅度为0.0002~0.0102，即转移性收入缩小了城镇居民收入分配差距，且缩小的幅度整体呈扩大趋势。这说明转移性收入的再分配效果在城镇居民内部起的作用比较明显，起到一定的收入再调节作用。

（3）城乡区域间的转移性收入对居民收入分配的影响。由表6-1中的数据可以看出，在分析期内，转移性收入明显扩大了城乡居民之间的收入分配差距，尤其是1999~2003年，趋势上升得比较快，GE指数总体的扩大幅度为0.0416~0.0620，但是从2004年之后对城乡居民收入分配差距的扩大趋势整体上处于减弱状态。由图6-1也可看出城乡之间居民的转移性收入扩大居民收入分配差距的幅度要远远高于城镇内部和农村内部的收入分配差距的幅度，可见政府转移性收入政策明显倾向于城镇居民，缩小了城镇居民的收入分配差距，扩大了农村居民的收入分配差距，并远远扩大了城乡居民间的收入分配差距。这导致原本收入较高的城镇居民会得到较高的转移性收入而使其总收入更高，而收入较低的农村居民得到较少的转移性收入，会使其收入更低，这样就出现了明显的收入再分配结构中的"逆向转移"，很明显我国目前的收入再分配政策明显没有达到收入再分配的公平性目的。

（4）全国总区域（全国范围内）转移性收入对居民收入分配的影响。由表6-1可以看出转移性收入扩大了全国居民的收入分配差距，由图6-1可以更清楚地看出，全国范围内居民的转移性收入对其总收入分配差距扩大的趋势基本上与城乡居民的趋势相一致，但是要比城乡居民的GE指数稍微小一些，即转移性收入没有对城乡居民的收入分配差距扩大的范围大。1999~2003年对收入分配差距的扩大呈显著的上升趋势，2003年之后有所降低，GE指数扩大的幅度为0.0419~0.0608。这说明近几年来，居民的转移性收入有所调整，虽然对收入分配差距还一直处于较高的影响状态，但整体趋势是有所下降的，这也表明了我国收入再分配政策所处的调整状态，将对居民收入分配差距的缩小起到一定的作用。

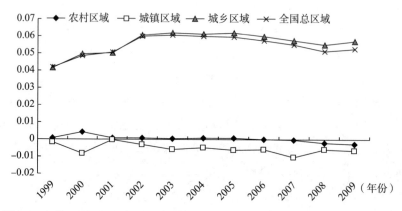

图6-1　分区域居民总收入中包含转移性收入对不包含转移性收入的扩大趋势

（5）根据式（6.2）贡献率的计算，在表6-2中我们计算了农村区域内、城镇区域内和城乡区域间居民总收入中包含转移性收入和不包含转移性收入对全国总区域居民收入分配差距的贡献率。由表6-2中数据可知，在包含转移性收入时，农村区域内、城镇区域内和城乡区域间对全国总区域不平等的平均贡献率分别为 24.47%、4.16% 和 78.39%，不包含转移性收入时，其平均贡献率分别是 33.91%、6.75% 和 68.61%。可见转移性收入降低了农村区域内和城镇区域内对全国总区域不平等的贡献率，但增加了城乡区域间对全国总区域不平等的贡献率，这也说明我国的收入再分配政策比较倾向于城市居民，扩大了城乡居民收入的差距。我们从 1999～2009 年各区域对全国总区域不平等的贡献率的发展趋势来看，农村区域内和城镇区域内包含转移性收入对全国总区域收入分配差距的贡献率均总体呈下降趋势，农村区域从 32.05% 下降到 20.41%，下降了 36.32%，城镇区域从 5.96% 下降到 3.26%，下降了 45.30%；但是城乡区域间包含转移性收入对全国总区域的贡献率总体呈上升趋势，从 1999 年的 70.06% 上升到 2009 年的 83.24%，上升了 18.81%，上升的幅度较大。可见全国总区域内收入的不平等主要是城乡之间转移性收入的不平等造成的，这也进一步说明了我国的收入再分配政策进一步提高了城市居民的再分配总收入，却降低了农村居民的再分配总收入，这种"逆向回流"的趋势不但没有缩小反而在逐年扩大全国居民的总收入分配差距。

表 6 - 2　各区域对全国总区域不平等的贡献率

单位：%

年份	农村区域内		城镇区域内		城乡区域间	
	包含转移性收入	不包含转移性收入	包含转移性收入	不包含转移性收入	包含转移性收入	不包含转移性收入
1999	32.05	44.62	5.96	8.88	70.06	57.77
2000	24.99	30.94	5.10	8.60	76.80	67.28
2001	29.43	41.50	5.28	7.58	72.92	61.69
2002	27.12	39.88	4.18	6.90	75.88	63.61
2003	25.06	35.36	4.07	6.83	77.58	67.20
2004	23.93	33.55	4.15	6.73	78.42	68.60
2005	22.31	30.49	3.90	6.42	80.72	71.77
2006	22.32	30.20	3.73	6.00	81.07	72.72
2007	21.17	28.77	2.78	5.43	82.47	74.68
2008	20.33	28.46	3.30	5.39	83.15	74.93
2009	20.41	29.24	3.26	5.45	83.24	74.49

第三节　分项收入对居民收入分配的影响

下面我们采用 GE 指数分项分解方法，从收入来源的角度分析各分项收入对城镇居民、农村居民和全国居民收入不平等的贡献率，尤其是分析转移性收入对收入分配差距的影响。

前面我们根据区域分解的方法，分析了转移性收入对农村、城镇、城乡收入分配差距的影响，接下来我们根据式（6.7），采用按收入来源进行分解的方法，分析 1999～2009 年影响农村、城镇和全国居民收入分配差距的因素，尤其是转移性收入的影响。

（1）表 6-3 列出了农村居民的主要收入来源（包括工资性收入、经营性收入、财产性收入和转移性收入）对农村总收入不平等的贡献率。由表中数据可知，工资性收入、经营性收入、财产性收入和转移性收入对总收入不平等的平均贡献率分别为 75.78%、8.17%、5.93% 和 6.90%。农村居民的工资性收入和经营性收入对农村总收入不平等的贡献率总体呈下降趋势。在 1999～2009 年，工资性收入从 1999 年的 77.43% 下降到 2007 年的最低为 73.01%，下降了 5.71%，之后两年又稍有上升；经营性收入从 1999 年的 11.87% 下降到 2009 年的 1.25%，下降的幅度更大为89.47%，这说明工资性收入和经营性收入对总收入不平等的贡献率总体在减少。而农村居民的财产性收入和转移性收入对农村总收入不平等的贡献率总体呈上升趋势。财产性收入的贡献率由 1999 年的 4.79% 上升到 2008 年的最高点为 9.44%，上升了 97.08%，增长了近 1 倍，这说明农村居民内部由财产占有量的不同而得到的收入也是导致其总收入不平等的一个原因；转移性收入的贡献率由 1999 年的 2.69% 增长到 2007 年的 9.15%，增长了 240.15%，增长的幅度之大令人诧异，农村居民内部收入的差距较大部分也是转移性收入的不平等分配而导致的，因此这又进一步反映了我国的收入再分配政策急切需要改善，以期能在促进收入公平上得到其应有的作用。

表 6 - 3　农村居民各项收入对农村总收入不平等的贡献率

单位：%

年份	工资性收入	经营性收入	财产性收入	转移性收入
1999	77.4277	11.8724	4.7857	2.6884
2000	76.8825	12.6506	2.8957	4.3454
2001	78.1418	11.0853	3.1031	4.4440
2002	78.7592	8.2735	4.6521	5.0892
2003	77.2364	9.5143	4.7046	5.3189
2004	75.8286	9.3760	5.6175	5.9520
2005	75.5279	7.3107	6.4094	7.5262
2006	74.1084	7.4393	6.8676	8.3568
2007	73.0102	7.1045	7.5066	9.1510
2008	73.0907	3.9712	9.4407	10.2716
2009	73.5153	1.2492	9.27295	12.7368

（2）图 6 - 2 清楚地显示了城镇居民各项收入对城镇总收入不平等的贡献率。工资性收入、经营性收入、财产性收入和转移性收入对总收入不平等的平均贡献率分别是 64.41%、3.99%、2.21% 和 24.68%。由图可以看出，城镇居民的工资性收入的贡献率在 2001 年下降到最低点，2002～2004 年呈上升趋势，之后呈现平稳的下降趋势，总的来看，目前是呈下降趋势的，这说明工资性收入对城镇居民总收入不平等的影响在下降；城镇居民的经营性收入的统计数据开始于 2002 年，因此我们从 2002 年开始考察经营性收入对总收入不平等的贡献率，经营性收入的贡献率总体呈上升趋势，从 2002 年的 2.95% 上升到 2009 年的 5.37%，但对不平等的贡献率较小，影响不是太大；财产性收入对总收入不平等的贡献率在 1999～2002 年呈下降趋势，由 1.54% 下降到 1.08%，从 2002 年开始总体呈上升趋势，上升到 2009 年的 3.51%；转移性收入的贡献率在 1999～2001 年呈上升趋势，之后一直呈平稳的下降趋势，但对城镇居民总收入不平等的贡献率较大，因此虽然总体呈下降趋势，但依然对总收入不平等的影响是比较大的。

（3）图 6 - 3 显示了工资性收入、经营性收入、财产性收入和转移性收入对全国总收入不平等的贡献率，其平均贡献率分别为 68.41%、2.96%、3.33% 和 20.25%。由图 6 - 3 可以看出，工资性收入在 1999～2003 年的贡献率不太平稳，先下降后上升，从 2003 年之后一直处于平稳的下降趋势；经营

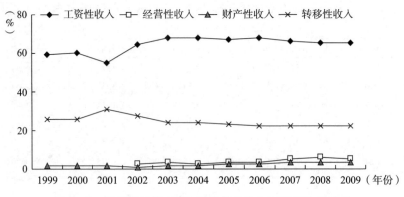

图 6 - 2　城镇居民各项收入对城镇总收入不平等的贡献率

性收入总体上也处于下降趋势；财产性收入总体处于上升趋势，上升的幅度较大，从 1999 年的 1. 96% 上升到 2009 年的 5. 30%，上升了 170. 41%，但由于其贡献率所占份额较小，其对总收入分配差距的影响也有限；转移性收入在 1999 ~ 2004 年的趋势不太平稳，有升有降，从 2004 年之后总体处于平稳的下降趋势，直到 2009 年又有所升高，但其对全国总收入不平等的贡献率达到 20%，因此其对总收入分配差距的影响不可忽视。

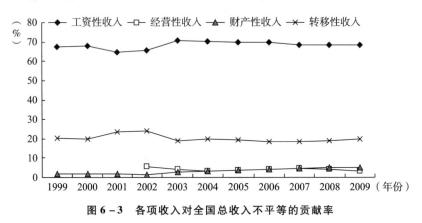

图 6 - 3　各项收入对全国总收入不平等的贡献率

第四节　本章小结

本章首先介绍了转移性收入的概念和本章采用的模型 GE 指数及其分

解方法，并用此方法从区域分解和收入来源两个角度分析了我国的转移性收入对居民收入分配差距的影响，得出如下结论。

首先，从区域分解的角度我们可以看出，转移性收入对农村区域内部和城镇区域内部的居民收入分配差距起到一定的调节作用。这说明在区域内部，政府对居民的转移性支出在一定程度上还是起到了对收入再分配的调节功能。另外，转移性收入却明显扩大了城乡居民之间的收入分配差距。这不仅与各地区的经济发展水平以及财政状况有关，经济发达地区的财政充裕，对居民的转移性支出相对较高，反之则相对较低，而且也与政府的再分配政策（转移性收入）倾向于城镇居民有关，这些都导致区域间、城乡间居民收入分配差距的扩大。其次，城镇和农村居民的转移性收入对其收入不平等的贡献率逐年增加，如农村居民转移性收入对农村总收入不平等的平均贡献率为 6.90%，而城镇居民的平均贡献率为 24.68%，城镇居民得到的转移性收入远远高于农村居民，这也导致城乡居民收入分配差距进一步扩大。最后，从收入来源看，转移性收入对农村居民和城镇居民的收入分配差距都有较大的贡献，这也说明居民的转移性收入的不同在一定程度上造成居民收入分配差距的扩大。

由以上分析可知，我国在以后的发展过程中，为了达到缩小收入分配差距的目的，政府应逐步消除城乡分割的收入再分配制度，建立城乡一体化的社会保障体系，另外政府还要加大转移支付的力度，尤其是对经济不发达地区应特殊对待，建立区域之间的社会保障体系，以期达到全国收入再分配的公平性。

第七章 公共财政支出对居民
收入分配的影响

在市场经济社会中，社会资源的配置主要是由市场和政府两大体系共同实现的，市场对资源的配置主要是通过价格和供求关系的调整变化来实现的，而政府对资源的配置则主要是通过公共部门的收支行为来实现的。随着我国市场经济的发展，我国政府对公共财政也进行了一系列的改革，目前我国的公共财政支出也已作为政府实现其职能的基本经济手段。公共财政支出的一个重要特点是通过财政的再分配功能实现社会效率与公平的相对平衡，而目前，我国居民的收入分配不平等的状况越来越严重，因此，研究我国公共财政支出对居民收入水平的影响，促进社会和谐发展，具有重要的现实意义。本章就从我国公共财政支出的角度研究我国的收入再分配政策主要是公共财政支出政策对居民收入分配的影响。

第一节 公共财政支出的相关概念

一 公共财政支出的内涵

公共财政支出也被称为公共支出或财政支出，公共财政支出是指政府为履行其职能，以财政收入为主要资金来源而发生的支出。它是以国家为主体、以财政的事权为依据进行的一种财政资金分配活动，集中反映了国家的职能活动范围以及所发生的耗费。另外，我国国家统计局给出的定义是，公共财政支出就是国家财政将筹集起来的资金进行分配使用，以满足经济建设和各项事业的需要。虽然表述有所不同，但实际上，它们的本质是没有什么不同的，公共财政支出一般是由国家财政部门按照预算计划，向国家有关部门和方面支付财政资金的活动，通常是按财政年度计算的。

在市场经济社会中，公共财政支出一般是政府为了满足实现其职能、取得所需商品和劳务，对一定的社会产品进行有计划的再分配活动。也就是说，公共财政支出在根本上是为了满足社会公共事务需要而形成的社会集中化分配活动，主要表现在政府对其所掌握的财政资金的安排、供应、使用和管理的全过程，它反映了财政资金的结构、规模、流向和用途。因此从本质上来看，公共财政支出就是政府职能行为的成本和政府政策选择的具体反映。

公共财政支出是市场经济条件下政府对经济进行宏观调控的重要手段。政府通过对公共财政支出规模的调整来影响社会总需求，从而对经济总量产生相应的影响；通过对公共财政支出结构的控制，直接或间接地影响社会经济结构的各个方面，包括社会总供需结构、产业结构、社会事业各方面构成以及未来社会总供给能力结构等。公共财政支出是政府公共财政的重要组成部分，公共财政主要通过税收收入和财政支出来影响经济。因此，在较大程度上，公共财政支出的数量和范围不仅反映了政府介入经济、社会生活的规模和深度，也反映了公共财政在社会、经济发展中的地位和作用，对实现政府职能和国家宏观调控目标都起着至关重要的作用。

二 公共财政支出的分类

公共财政支出的科学分类是对公共支出的结构和规模进行分析的基础，可以更加全面、准确和科学地把握公共支出的发展变化规律。公共财政支出从不同的角度、根据不同的需要、按照不同的标准有多种分类方法，目前我国公共财政支出的分类有如下几种。

（一）按经济性质分类

按照公共财政支出的经济性质，即按照公共支出是否能直接得到等价的补偿进行分类，我们可以把公共财政支出划分为购买性支出和转移性支出两大类型。

购买性支出又称为消耗性支出，是政府用税收收入购买并在消耗商品和劳务的过程中所产生的费用支出，主要包括政府购买日常政务活动所需的商品和劳务的总支出，另外也包括政府用于进行国家投资所需要的商品和劳务的费用支出，如政府各部门的各项事业的经费支出、行政管理支出、政府各部门的投资拨款等。这些支出项的用途和目的虽然并不完全相同，但都有一个共同点，即都是由财政支付，相应地获得了劳务和商品，并且履行了国家的各项职能。在支出的过程中，政府同其他经济主体并无不同，也就是同样都从事了等价交换的经济活动。这些支出也反映了政府部门同样要消耗一部分社会资源，由于政府的参与和使用，也必然排斥了个人与其他的一般经济组织对这部分社会资源的购买和享用。因此，从这个角度来看，政府的购买性支出的规模、结构和方向，对社会的生产和就业也具有直接的重要影响作用。

公共财政的转移性支出则直接表现为资金的单方面、无偿转移，主要包括政府部门用于补贴、失业救济金、债务利息、养老保险等方面的支出。这些支出的用途和目的各不相同，但有一个共同点，那就是政府财政支付了资金，却没有任何商品和劳务的获得，不存在任何交换。因此，这类支出并不反映政府部门占用社会资源的需求，相反，转移性支出只是在不同社会成员之间的资源的重新分配，政府部门在其中只充当了中间人的角色。从这方面来看，转移性支出对社会的公平性分配具有重要的作用和影响。

（二）按政府职能分类

按照国际货币基金组织列举的市场经济国家的公共财政支出的概念，政府的公共财政支出主要包括一般公共服务、社会治安事务、国防与服务、教育事务与服务、社会保险福利事务与服务、卫生保健事务与服务、住房和社区设备的事务与服务、燃料和能源事务与服务、娱乐文化和宗教事务与服务、除燃料以外的采矿和矿山资源事务与服务、农林牧渔业和狩猎业的事务与服务、建筑业事务与服务、制造业事务与服务、运输和通信事务与服务以及其他的经济事务与服务等。

我国政府的公共财政支出按政府的职能分类时，一般分为行政管理支出、国防支出、经济建设支出、社会文教支出和其他支出五大类。行政管理支出包括政府用于行政管理、外交事务、公安司法等方面的支出；国防支出包括政府用于军防和民防事务、军事科研、对外军援等方面的支出；经济建设支出包括政府以经费拨款、投资、补贴和贷款等形式用于经济建设方面的支出，这类支出按使用部门划分还可以分为农业支出、采矿支出、能源支出、制造业支出、运输业支出等；社会文教支出包括政府在教育、卫生保健、社会福利、社会保障、社区发展、住房、文化娱乐等领域的支出。

（三）　按经济类型分类

公共支出按经济类型进行分类，可以有效地衡量政府公共支出项目对经济的影响，这也说明了公共支出在资源配置方面的作用有一定的意义。在国际货币基金组织按经济类型的划分方法中，一般将公共支出划分为经常性支出、资本性支出和贷款净额三大类：经常性支出是指政府用于经常性项目的公共支出，包括商品和服务的支出、利息的支出、补贴和经常性转让等；资本性支出是指政府用于资本项目的支出，主要包括现存的和新的固定资产、土地和无形资产购买、存货购买、资本转让等；贷款净额主要包括国内外贷款净额。这种分类实际上从总体上反映了政府公共财政支出的三种用途，即公共消费支出、公共投资支出和政府的融资活动，这有利于提高政府支出预算的透明度，方便于社会各界监督支出预算的执行，也有利于加强政府对投资的管理和对经济的宏观调控。

我国政府公共财政支出的这种分类形式起步比较晚，从1992年起，中央预算开始按复式预算的形式编制，地方省级预算则从1993年起实行复式预算。相应地，我国的财政支出也分为经常性支出和建设性支出两类。经常性支出是指政府预算中用于维持政府活动、发展各项事业、保障国家安全和社会秩序以及用于人民生活和社会保障等方面的支出，主要包括文教科卫和行政支出、国防支出、各项事业费支出、武装警察部队支出、行政管理费、公检法司支出、对外援助支出、政策性补贴支出、总预备费、经常性专项基金支出和其他支出等。建设性支出是指政府预算中用于各项经济建设活动的支出，主要包括工业、农业、商业等基本建设支出，企业挖潜改造资金支出，建设性专项支出，支援不发达地区支出和其他支出等。

（四）按财政支出的具体用途分类

按财政支出的具体用途进行分类，是目前我国政府预算支出科目设置中所采用的方法。我国的财政支出按具体用途进行分类，其所列各类支出就是我国的预算支出的科目，主要包括以下部分内容：基本建设支出、地质勘探费支出、企业挖潜改造资金支出、科技三项费用支出、农业支出、流动资金支出、各项事业费支出、行政事业单位离退休支出、抚恤和社会福利救济支出、社会保障补助支出、行政管理费、国防支出、外交外事支出、武装警察部队支出（主要包括边防部队经费、内卫部队经费、训防部队经费和警卫部队经费等）、公检法司支出、政策性补贴支出、城市维护费支出、支援不发达地区支出、对外援助支出、债务利息支出、专项支出、总预备费、其他支出等。

（五）我国政府收支分类改革

2007 年我国政府进行了收支分类的改革，政府收支分类不仅涵盖了原政府预算收支科目中的一般预算、债务预算收支和基金预算等内容，而且纳入了社会保险基金收支和财政专户管理的预算外收支，从而形成了较为完整的政府收支体系。从 2008 年开始到现在我国都采用的是新的支出分类体系，但是目前我们所能搜集到的大都是 1978~2007 年的数据，因此本书基本上是按照旧的分类标准统计的，按照新的分类标准进行精确的调整尚存在较大的困难。因此，本书将仍然采用旧的分类方法进行分析研究，另外，由于按功能、性质分类比较直观，本书将主要按照公共财政支出的功能、性质分类进行分析。

三　公共财政支出的特征

公共财政支出是公共财政的一个重要方面，其最大的特征就是它在私人部门资源配置的基础上，政府将公共财政支出的范围转向市场失灵以及满足社会共同需要的领域。因此，公共财政的这种根本性质就决定了它具有以下几种特征。

首先，公共财政支出的公共性。在市场经济社会中，公共财政支出的一切活动都是围绕着政府为满足人们的公共需要向社会提供公共产品而展开的。虽然每个社会成员的消费偏好有所不同，人们的需求也是多种多样的，但是，即使在不同的社会历史条件下，不同的人群也总会有一些共同的需要，例如，维护国家安全、保护生存环境等这些共同的社会需求是市场所不能实现的，因此必须依靠政府部门来提供。而公共财政支出是以市场失灵为基础，以满足社会公共需要为特征的政府的活动，因此公共财政支出具有公共性的特征。

其次，公共财政支出的非营利性。政府作为整个社会的组织者和管理者，在市场经济体制下，其最大的目标就是最大限度地满足社会的公共需要，因此凡是具有营利性的各种活动，政府都不应该参与，因为这些活动都不属于公共财政支出的范围。故政府的各项支出安排都应当建立在非营利性的基础上。

再次，公共财政支出的公平性。公共财政支出的目的是提供各种公共产品以满足社会的公共需要，而且每个社会成员都可以无差别地享受政府所提供的各类公共产品。一个或者一些社会成员享用某种公共产品，也并不会影响其他社会成员对该种公共产品的享用，也就是说，公共产品具有消费的非排他性和非竞争性以及效用的不可分割性等特点。因此，这就决定了公共财政支出具有公平性的特征。

最后，公共财政支出的法制性。也就是说，公共财政支出的各项活动是在遵守国家法律规范的前提下进行的，公共财政支出的各项安排都要严格地按照国家财政预算所规定的内容来进行，不可以随意增减和改变资金的用途。公共财政支出在预算规定的范围内分配使用资金时，还要受到国家财政预算的约束监督。

第二节　公共财政支出的公平与效率以及收入分配

公共财政支出是政府为了满足人们对公共产品需求和实现政府职能的支出，而公平和效率则是界定公共财政支出范围的重要问题，但是由于资源的有限，公共财政支出的范围既要满足公平，又要兼顾效率，只有其结构合理、规模适当，才能促进社会经济的健康快速发展。本节内容我们首先解释公平与效率的概念，然后对我国公共财政支出的公平与效率进行数据上的分析。

一　公共财政支出中公平与效率的理解

政府公共财政支出的一个重要特点就是要兼顾效率和公平。首先是效率问题，也就是要注重整个社会资源的有效配置问题，西方经济学中的效率指的是资源的有效配置所实现的帕累托最优状态，即社会的资源配置要达到这样的一种状态：一种资源的任何重新配置，都不可能使任何一个人的收入增加而使另一个人的收入减少。换句话说，社会已经达到物尽其用、人尽其才，不存在任何资源的浪费现象，以致每个劳动者都实现了其经济收入的最大化，体现了公共财政支出本身的效益问题。其次是公平问题，主要涉及收入分配的问题，也就是看政府的这种支出是否影响了人们的收入分配和地位，体现了公共财政支出的公平性。对公共支出的完整的理解应该包括效率与公平，在一个以公共财政为取向的政府政策中，公平应该是第一位的，但究其本质，公平与效率的最终目的并不矛盾。

以最大的效率获取最优的公平是人们对公平与效率的理想追求，但是，大多时候公平与效率往往是矛盾的。美国著名经济学家阿瑟·奥肯认为公平与效率两者的相互关系是一个"重大的两难选择"问题。他说，"公平和效率之间的冲突是我们最大的社会经济选择，它使我们在社会政策的众多方面遇到麻烦。我们无法既得到市场效率的蛋糕同时又能公平地分享它"（Okun and Summers，1975）。他认为市场经济是一种激励人们提高效率的经济制度，其中的公平与效率是不可兼得的，只有牺牲公平性这一现代文明的价值观，才能换来效率。他还指出"在有些时候，为了公平，必须牺牲一些效率，另一些时候，为了效率就要放弃一些公平"。奥肯指出在生产性领域我们应以效率优先，这样才能增加社会的财富，为平等的分配提供相应的物质保障。而在分配领域则应该坚持贯彻公平性的原则，用政府的福利政策去缓解居民收入的不平等状况。而自由主义经济学家哈耶克对此则有不同的观点，他认为真正的公平是机会的平等，而不是收入或财产分配的平等。哈耶克强调市场的效率，但是反对利用国民收入的再分配来人为地制造收入的平等，他认为这样就会影响劳动者的积极性，降低他们的工作效率。同时他也提出了国家应当利用立法、行政手段等来创造一个公平的、自由的竞争环境，来保证效率的实现

（王生升，2002）。

福利经济学派对公平与效率也有一定的理解，他们认为公平和效率不仅有对立的一面，也有互相促进的一面，主要表现为以下方面。首先，经济效率是社会公平的前提和基础。社会的公平性问题是在经济效率提高到剩余产品出现以后才逐渐产生的；在经济效率极其低下，没有其他的剩余产品，人们都共同劳动、共同消费的原始社会生活中，是不存在社会的公平性问题的。不仅社会的公平性问题的产生是以一定的经济效率为前提的，而且经济效率也可以使社会的公平建立在更加丰富的物质基础之上，社会的公平的实现最终也要以经济效率的极大提高为基础。其次，社会的公平在一定程度上也会促进经济效率。实际上，社会的公平有利于减少人们之间的相互矛盾，有利于形成安定和谐的社会生活环境，能够有效地调动社会中各方面的积极因素，极大地促进社会经济效率的提高。福利经济学派的其中一个代表人物庇古则指出是社会中所有权的不平等造成了居民收入的不平等，从而引起了资源配置的失衡和经济运行的混乱，因此才使整个社会运转缺乏效率。新剑桥学派也有不同的见解，认为收入分配是与人和人的关系有关的问题，而不是纯技术性的问题，在不同的经济体制下，收入分配制度也应该有所不同。收入分配的过度不平等，必然会引起人们之间的相互利益冲突，不利于社会经济的长期稳定发展。因此福利经济学派和新剑桥学派都主张用收入均等化的再分配政策来促进经济的持续增长。

事实上，公共财政支出的公平与效率对经济到底是起促进还是阻碍的作用，关键在于我们对社会公平程度的理解和把握。也就是说，如果社会出现极度的不公平，就会影响社会的稳定发展和经济效率的实现；但如果是社会出现绝对的公平，同样也会挫伤劳动者的生产积极性，会影响经济效率的实现。因此，只有适度的社会公平，才更有利于社会的和谐发展和经济效率的提高。以上对公平和效率的关系的观点也同样适用于探讨居民收入分配差距的问题，只有将公平与效率控制在适度的范围内，才能促进经济和社会的稳定协调发展。

二　我国公共财政支出的公平、效率与收入分配

按照公平与效率的分类标准，我国政府的公共财政支出主要可以分为

以下两大类：第一类主要是弥补市场缺陷或者说对市场失灵领域的支出，比如满足社会对国防安全、行政管理、外交事务、社会秩序等方面的需要，这种用于满足纠正经济发展需要的资金支出，即效率的支出，我们将这里效率的计算包括基本建设支出、挖潜改造资金、科技三项费用、增拨企业流动资金、公交流通部门事业费、地质勘探费、亏损补贴、支农支出等；第二类是满足社会对公益性事业以及调节收入分配方面的支出，也就是公平方面的支出，这里公平的计算主要包括政府用于文教科卫支出、行政管理支出、社会保障支出和政策性补贴支出等。在我们的计算中，1978～2006年公共财政支出中公平与效率的计算公式如上所述，但是2007年以后我国政府的财政预算开始采用新的功能分类和经济性质分类，因此2007年之后的数据与以前的数据可比性不大，在2007～2009年，公共财政支出中公平的计算主要包括一般公共服务、公共安全、外交、教育、文化体育与传媒、保障性住房支出、社会保障和就业、医疗卫生、城乡社区事务、环境保护、地震灾后恢复重建等支出；效率的计算主要包括科学技术、交通运输、农林水事务、粮油物资储备等事务、采掘电力信息等事务、金融事务等支出；另外1981～2007年基尼系数来源于周维明2007年的硕士学位论文《中国居民收入分配差距研究：结构、趋势及对策》，其余来自中国国家统计局网站和世界银行公布的数据。表7-1显示了我们的计算结果。

表 7-1　我国公共财政支出中的公平和效率及其比重与基尼系数

年份	公平（亿元）	效率（亿元）	合计（亿元）	公平比重（%）	效率比重（%）	基尼系数
1978	191.80	630.05	821.85	23.34	76.66	—
1979	290.44	700.06	990.50	29.32	70.68	—
1980	361.07	619.64	980.71	36.82	63.18	—
1981	423.37	527.79	951.16	44.51	55.49	0.2760
1982	472.21	544.05	1016.26	46.47	53.53	0.2500
1983	547.15	617.19	1164.34	46.99	53.01	0.2455
1984	631.90	757.56	1389.46	45.48	54.52	0.2445
1985	740.22	877.62	1617.84	45.75	54.25	0.2529
1986	841.02	977.50	1818.52	46.25	53.75	0.3065

续表

年份	公平 （亿元）	效率 （亿元）	合计 （亿元）	公平 比重（%）	效率 比重（%）	基尼 系数
1987	914.08	936.04	1850.12	49.41	50.59	0.3123
1988	1065.58	962.32	2027.90	52.55	47.45	0.3202
1989	1238.34	987.75	2226.09	55.63	44.37	0.3366
1990	1356.23	1207.15	2563.38	52.91	47.09	0.3251
1991	1492.69	1334.61	2827.30	52.80	47.20	0.3403
1992	1605.63	1606.41	3212.04	49.99	50.01	0.3599
1993	1868.11	1816.71	3684.82	50.70	49.30	0.3843
1994	2417.22	2136.14	4553.36	53.09	46.91	0.3878
1995	2820.09	2800.73	5620.82	50.17	49.83	0.3824
1996	3381.64	3527.46	6909.10	48.94	51.06	0.3594
1997	3921.13	4403.82	8324.95	47.10	52.90	0.3584
1998	4788.90	5254.91	10043.81	47.68	52.32	0.3647
1999	5828.82	5738.78	11567.60	50.39	49.61	0.3760
2000	7084.31	5616.09	12700.40	55.78	44.22	0.3923
2001	8287.45	6749.73	15037.18	55.11	44.89	0.4028
2002	10239.79	8131.43	18371.22	55.74	44.26	0.4294
2003	11216.38	9013.51	20229.89	55.44	44.56	0.4385
2004	13115.44	10542.92	23658.36	55.44	44.56	0.4387
2005	15636.94	11846.72	27483.66	56.90	43.10	0.4403
2006	18814.33	10011.33	28825.66	65.27	34.73	0.4960
2007	30861.37	11360.61	42221.98	73.09	26.91	0.4720
2008	38914.43	15253.59	54168.02	71.84	28.16	0.4690
2009	49026.42	17376.94	66403.36	73.83	26.17	0.4700

　　资料来源：历年的《中国统计年鉴》。

　　表7－1中为我国历年财政支出的公平与效率的具体数据以及它们分别占财政支出的比重和表示收入分配公平性的指标基尼系数。从总体上看，公平支出和效率支出均处于上升趋势。自1978年以来我国财政支出中公平支出所占的比重总体上处于增长趋势。1978~1983年公平支出增长的幅度比较大，占比从23.34%增长到46.99%，增长了101.33%，1984年公平

支出占比有所减小，1984～1989年公平支出又处于增长态势，1989年公平支出增长达到往年财政支出的一个高峰，占比为55.63%，1990～1998年财政的公平支出总体处于下降趋势，到1998年下降到较低点，占比为47.68%，自1999年开始，公平支出又总体处于增长趋势，其中2000～2004年占比较为平稳，由于2007年之后，统计指标变化，公平占比增长的幅度较大，与之前年份也不具有可比性，但从趋势上可以看出，目前财政的公平支出所占比重较大，也表明了政府对于财政支出在公平性方面的政策倾斜。公共财政支出在此只分为公平支出和效率支出，因此在分析期间，效率支出占比的发展趋势与公平支出占比的趋势是完全相反的，效率支出占比的上升趋势也就意味着公平支出占比的下降趋势，因此，这里不再重复分析效率支出占比的增长趋势。

从图7-1更加清楚地看出我国财政支出中，公平支出所占的比重总体在提高，而效率支出所占比重总体呈下降趋势，说明我国政府对于财政公平方面的支出还是比较重视的。正常情况下，公共财政支出公平性分配的力度越大，经政府调节的收入分配应该更加趋于平等，基尼系数也会随之减小。但是从图7-1中我们发现，我国的基尼系数并没有随着财政公平支出的增加而减小，相反总体呈现增长趋势，这说明我国的公共财政支出并没有实现其应有的公平性再分配职能。因此在以后的财政政策调整过程中，应将此问题重视起来，使其能发挥收入再分配的功能。

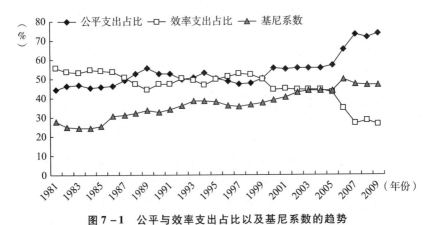

图7-1　公平与效率支出占比以及基尼系数的趋势

第三节　公共财政支出对居民收入分配影响分析

公共财政支出的规模衡量了一定时期一国政府支配社会资源的多少，表现了其满足公共需要的能力的高低，也就是公共财政支出的数额和范围反映了政府介入经济生活和社会生活的规模和深度，体现了公共财政在社会经济生活中的地位和作用，对实现政府职能和国家宏观调控目标起着尤为重要的作用。公共财政支出最重要的目标就是公平与效率，也就是承担了公平收入分配和促进经济社会发展的需要，尤其是在我国目前居民收入分配差距不断扩大的趋势下，明确政府如何对居民收入进行再分配体现其公平职能，也是当前的重要话题，本部分我们就从实证数据的角度来具体分析我国的公共财政支出与居民收入分配的关系。

一　公共财政支出与居民收入分配的相关性分析

2000 年以后的财政支出数据中包括国内外的债务利息支出，为了使数据保持一致，我们将 1978 ~ 1999 年的财政支出数据也加上国内外债务利息支出，财政支出、GDP 数据主要来自历年的《中国统计年鉴》，增长率、财政支出占 GDP 的比重、财政支出弹性根据所得数据计算得到，1981 ~ 2009 年基尼系数来源于表 7 - 1，财政支出弹性是指公共财政支出增长率与 GDP 增长率之比。表 7 - 2 列出了我们的计算结果。

表 7 - 2　我国公共财政支出、GDP 以及基尼系数

年份	财政支出（亿元）	GDP（亿元）	财政支出增长率（%）	GDP 增长率（%）	财政支出占 GDP 的比重（%）	财政支出弹性	基尼系数
1978	1122.09	3645.22	—	—	30.7825	—	—
1979	1281.79	4062.58	14.2324	11.4496	31.5511	1.2430	—
1980	1257.41	4545.62	- 1.9020	11.8901	27.6620	- 0.1600	—
1981	1201.30	4891.56	- 4.4623	7.6103	24.5586	- 0.5864	0.2760
1982	1285.50	5323.35	7.0091	8.8272	24.1483	0.7940	0.2500
1983	1451.99	5962.65	12.9514	12.0094	24.3514	1.0784	0.2455

年份	财政支出（亿元）	GDP（亿元）	财政支出增长率（%）	GDP增长率（%）	财政支出占GDP的比重（%）	财政支出弹性	基尼系数
1984	1729.92	7208.05	19.1413	20.8867	23.9998	0.9164	0.2445
1985	2043.81	9016.04	18.1448	25.0829	22.6686	0.7234	0.2529
1986	2255.08	10275.18	10.3371	13.9656	21.9469	0.7402	0.3065
1987	2342.01	12058.62	3.8549	17.3567	19.4219	0.2221	0.3123
1988	2567.97	15042.82	9.6481	24.7475	17.0711	0.3899	0.3202
1989	2896.15	16992.32	12.7797	12.9596	17.0439	0.9861	0.3366
1990	3273.66	18667.82	13.0349	9.8604	17.5364	1.3219	0.3251
1991	3633.42	21781.50	10.9895	16.6794	16.6812	0.6589	0.3403
1992	4180.77	26923.48	15.0643	23.6071	15.5283	0.6381	0.3599
1993	4978.52	35333.92	19.0814	31.2383	14.0899	0.6108	0.3843
1994	6291.98	48197.86	26.3825	36.4067	13.0545	0.7247	0.3878
1995	7706.68	60793.73	22.4842	26.1337	12.6768	0.8604	0.3824
1996	9292.58	71176.59	20.5783	17.0788	13.0557	1.2049	0.3594
1997	11151.93	78973.03	20.0090	10.9537	14.1212	1.8267	0.3584
1998	13151.10	84402.28	17.9267	6.8748	15.5815	2.6076	0.3647
1999	15098.20	89677.05	14.8056	6.2496	16.8362	2.3690	0.3760
2000	15886.50	99214.55	5.2212	10.6354	16.0123	0.4909	0.3923
2001	18902.58	109655.17	18.9852	10.5233	17.2382	1.8041	0.4028
2002	22053.15	120332.69	16.6674	9.7374	18.3268	1.7117	0.4294
2003	24649.95	135822.76	11.7752	12.8727	18.1486	0.9147	0.4385
2004	28486.89	159878.34	15.5657	17.7110	17.8179	0.8789	0.4387
2005	33930.28	184937.37	19.1084	15.6738	18.3469	1.2191	0.4403
2006	40422.73	216314.43	19.1347	16.9663	18.6870	1.1278	0.4960
2007	49781.35	265810.31	23.1519	22.8815	18.7281	1.0118	0.4720
2008	62592.66	314045.43	25.7352	18.1464	19.9311	1.4182	0.4690
2009	76299.93	340506.87	21.8992	8.4260	22.4078	2.5990	0.4700

首先，我们来看我国的财政支出弹性，财政支出对GDP的弹性是指由GDP增长所引起的财政支出增长幅度的大小，如果财政支出弹性大于1，则说明财政支出增长幅度大于GDP的增长幅度，反之则说财政支出增长幅

度小于 GDP 的增长幅度。由表 7 - 2 中计算的财政支出弹性的数据可以看出，我国的财政支出增长速度可以分为两个阶段，即 1979 ~ 1995 年和 1996 ~ 2009 年，在这两个阶段我国的财政支出增长速度有所不同。在 1979 ~ 1995 年，我国只有 3 年的财政支出弹性大于 1，其中有 2 年的财政支出弹性还小于 0，这说明我国的财政支出的增长速度远远小于 GDP，财政支出总量不足，其增长速度仍滞后于经济发展，也就是财政支出的增长速度并没有跟上经济发展的增长速度，反映了政府控制财政资源的减少，其宏观调控能力也被削弱，同时这在一定程度上也制约和影响了政府的正常职能的实现。1996 ~ 2009 年，我国的财政支出弹性中只有 3 年小于 1，其余的都大于 1，这说明这段时间我国的财政支出增长速度大于 GDP，最高点为 2009 年的财政支出弹性，其为 2.5990，财政支出的增长速度远大于 GDP，说明我国政府控制财政资源的能力有所增强，其宏观调控能力也得到了加强，这在一定程度上有助于我国政府现行财政政策的实施。

另外由图 7 - 2 显示的财政支出和 GDP 的增长率的趋势，也可以看出，在 1979 ~ 1995 年，政府财政支出增长率基本上小于 GDP 增长率，尤其是 1981 年财政支出的增长率最小，为 - 4.46%，财政支出的增长率与 GDP 的增长率趋势都较不平稳，增长速度的差异也较大，这说明我国的财政支出与经济发展不协调，比如在 1980 年和 1981 年我国的 GDP 增长率分别为 11.89%、7.61%，而财政支出的增长率却都为负值，分别为 - 1.90%、- 4.46%，这也表明我国在改革开放的初期，经济发展与财政支出并不稳定，经济结构体制都有待进一步完善。随着 20 世纪 90 年代改革开放步伐的进一步加快，经济发展也较为稳定，政府财政支出的增长率也总体高于 GDP 的增长率，尤其是 20 世纪 90 年代中后期财政支出的变动幅度较大，这也与当时我国政府进行的财政改革有密切的关系。

其次，我们来看我国财政支出占 GDP 比重的变化趋势。由图 7 - 2 可以看出，我国的财政支出占 GDP 的比重总体呈现先下降后上升的趋势，1995 年达到最低点，占比为 12.68%，1995 年之前总体呈下降趋势，之后总体呈现缓慢上升趋势，实际上这与我国当时处于改革开放的初期、经济市场化的程度不高、财政政策的实施并没有跟得上经济发展的需要有关，因此财政支出与经济发展并不协调。1995 年之后，我国经济发展的市场化程度有了进一步提高，对财政政策也有了进一步的认识，通过当时的财政改革，财政支出比

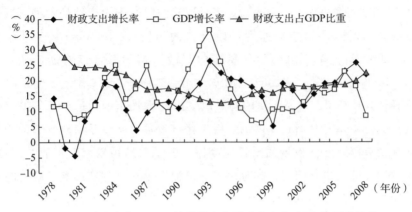

图 7-2　财政支出、GDP 的增长率和财政支出占 GDP 比重的趋势

例逐步加大，逐步开始尝试通过财政支出来影响经济发展和收入再分配。尤其是近几年，政府逐步认识到城乡发展水平以及居民收入分配差距的存在，在财政支出方面，不仅逐渐增大其支出比例，而且对于公平方面的支出也逐渐增大。

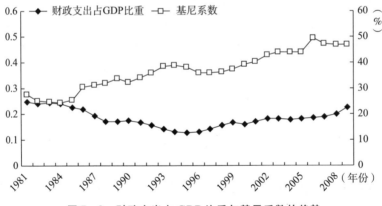

图 7-3　财政支出占 GDP 比重与基尼系数的趋势

最后，我们分析财政支出与收入分配的关系。财政支出的再分配功能就是通过财政的再分配达到社会收入分配的公平性，我国居民收入分配的均等程度用基尼系数来表示，图 7-3 显示了我国财政支出占 GDP 的比重与我国居民收入分配的基尼系数的趋势。如图 7-3 所示，在 1981～1985年我国的财政支出占 GDP 的比重与我国的收入不平等程度基本上保持一致的趋势，1986～1995 年，我国的财政支出占 GDP 的比重总体处于下降趋势，而我国的基尼系数总体呈上升趋势，也就是收入分配的不平等程度提

高，这说明我国政府当时并没有充分利用财政政策来调节我国的收入分配。1995 年之后，我国的财政支出总体增加，其占 GDP 比重也处于总体上升趋势，我国的基尼系数也与财政支出占 GDP 的比重同步增加，但并没有如财政支出理论所描述的，会缩小居民的收入分配差距，这说明我国的财政支出政策并没有实现其收入再分配的公平性职能。

二　公共财政支出对居民收入分配的实证检验

图 7 - 4 显示了我国财政支出的增长率与居民基尼系数从 1981 年以来的趋势，可以看出，我国的基尼系数总体呈现上升趋势，而我国财政支出的增长率也是处于总体上升趋势，那么这两个序列之间有没有一定的关系，是否存在协整关系，可否用误差修正模型刻画各变量向均衡状态的调整过程，下面我们将进行实证检验。

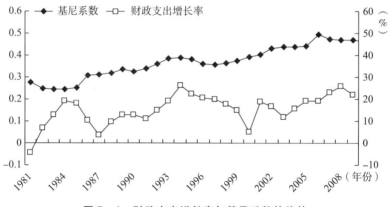

图 7 - 4　财政支出增长率与基尼系数的趋势

（一）研究方法介绍

下面我们对协整检验和误差修正模型的基本原理分别进行简要介绍，然后利用此方法对我国财政支出的增长率与基尼系数之间的关系进行实证分析。

1. 协整理论

协整理论是研究非平稳时间序列的一个重要方法，Granger 和 Engle（1987）指出，如果两个或两个以上的非平稳时间序列或者其线性组合能构成平稳的时间序列，则称这些非平稳时间序列是协整的，称得到的平稳的线性组合为协整方程，协整方程的存在说明这些变量之间存在长期的均衡关系。根据高铁梅（2006）的研究，假设一些经济指标被某经济系统联系在一起，从长远来看这些变量或许会具有一定的均衡关系，在短期内，因为受季节影响或随机干扰，这些变量有可能偏离均值，如果这种偏离是暂时的，随着时间推移它们将回到均衡状态；如果这种偏离是持久的，这些变量之间就不存在均衡关系。协整（Cointegration）可被看作这种均衡关系性质的统计表示。协整的定义可以表示为以下内容。

n 维向量 $Y = (y_{1t}, y_{2t}, \cdots, y_{nt})'$ 的分量间被叫作 (d, b) 阶协整，记为 $Y \sim CI(d, b)$，如果它们满足下面两个条件：

① $Y \sim I(d)$，并且 Y 的每一个分量 $y_{kt} \sim I(d)$；

②存在一个非零列向量 α，使得 $\alpha' Y \sim I(d-b)$，$0 < b \leqslant d$。

我们就称向量 Y 是协整的，向量 β 是协整向量。

另外协整检验从检验的对象上可以分为两种：一种是基于回归系数的协整检验，即 Johansen 协整检验；另一种是基于回归残差的协整检验。本书主要利用 Johansen 协整检验方法，对财政支出和居民收入之间的关系进行分析。检验的主要步骤如下：

①若存在 k 个序列，且 y_{1t} 和 y_{2t}，y_{3t}，$\cdots$，y_{kt} 都是一阶单整序列，则可以建立回归方程：

$$y_{1t} = \beta_1 + \beta_2 y_{2t} + \beta_3 y_{3t} + \cdots + \beta_k y_{kt} + u_t \tag{7.1}$$

模型的估计残差为：

$$\hat{u}_t = y_{1t} - \hat{\beta}_1 - \hat{\beta}_2 y_{2t} - \hat{\beta}_3 y_{3t} - \cdots - \hat{\beta}_k y_{kt} \tag{7.2}$$

②检验残差序列 $\hat{u}_t$ 是否含有单位根，也就是判断序列 $\hat{u}_t$ 是否平稳。我们通常用 ADF（单位根）检验来判断残差序列的平稳性；

③如果残差序列 $\hat{u}_t$ 是平稳的，则可以确定回归方程中的 k 个变量（y_{1t}，y_{2t}，y_{3t}，$\cdots$，y_{kt}）之间是存在协整关系，并且协整向量为（$\hat{\beta}_1$，$\hat{\beta}_2$，$\cdots$，$\hat{\beta}_k$）$'$；反之，回归方程中的 k 个变量（y_{1t}，y_{2t}，y_{3t}，$\cdots$，y_{kt}）之间不存在协整关系。

2. 误差修正模型（ECM）

根据格兰杰定理，如果多个一阶非平稳变量之间存在协整关系，则这些变量一定存在误差修正模型的表达式，故我们可以用误差修正模型对其进行修正。误差修正模型反映了具有协整关系的一阶单整时间序列的长期均衡对短期波动影响的"误差修正机制"。短期内我们可以看出，稳定的长期趋势和短期波动决定了被解释变量的波动，另外波动幅度的大小是均衡状态偏离程度的大小引起的。长期我们可以看出，协整关系可以将变量从非均衡状态拉回到均衡状态。根据高铁梅（2006）的研究，如果变量间具有协整关系，可以进一步建立 ECM 模型刻画各变量向均衡状态的调整过程。ECM 模型可以表示为如下形式：

$$\Delta y_t = \beta_0 + \alpha \ (y_{t-1} - kx_{t-1}) \ + \beta_2 \Delta x_t + v_t \qquad (7.3)$$

其中，y_t 为内生变量，x_t 为外生变量，$v_t \sim$ i. i. d. $(0, \sigma^2)$，Δ 为一阶差分算子。当长期均衡关系是 $y^* = k_0 + k_1 x^*$，误差修正项是 $y_t - k_0 - k_1 x_t$ 的形式，它反映了 y_t 关于 x_t 在第 t 时间点的短期偏离。α 通常被称为调整系数，表示在 $t-1$ 期 y_{t-1} 关于 $k_0 + k_1 x_{t-1}$ 之间偏差的调整速度。

最常用的 ECM 模型的估计方法是 Granger 和 Engle 提出的两步法，其基本思想如下。

第一步是求模型（7.4）的 OLS 估计，又称协整回归，得到 $\hat{k}_1$ 及残差序列 $\hat{v}_t$：

$$y_t = k_1 x_t + v_t, \ t = 1, \ 2, \ \cdots, \ T \qquad (7.4)$$

$$\hat{v}_t = y_t - \hat{k}_1 x_t, \ t = 1, \ 2, \ \cdots, \ T \qquad (7.5)$$

第二步是用 $\hat{v}_{t-1}$ 替换式（7.5）中的 $y_t - \hat{k}_1 x_t$，即对式（7.6）再用 OLS 方法估计其参数。

$$\Delta y_t = \beta_0 + \alpha \hat{v}_{t-1} + \beta_2 \Delta x_t + \varepsilon_t \qquad (7.6)$$

（二）公共财政支出的增长率与基尼系数的实证检验

本节采用协整理论来检验我国政府公共财政支出与全国居民收入分配的关系，所用数据主要是表 7 - 2 中计算的 1981 ~ 2009 年的基尼系数（*Gini*）和财政支出的增长率（*Czgr*）。为了避免模型中出现伪回归现象，我们首先将这两个序列进行 ADF 单位根检验，以检验变量的平稳性，对非平稳序列要对其进行处理使之成为平稳的时间序列，再进行其他的相关检验。

1. 单位根检验

我们利用 Eviews 6.0 软件，首先对基尼系数和财政支出增长率的序列进行单位根检验，检验结果如表 7-3 所示。可以看出基尼系数的单位根检验值不能通过 5% 和 1% 的临界值，而经过一阶差分后的基尼系数则在 1% 的临界值下通过平稳性检验。财政支出增长率虽然能通过 5% 的临界值检验，但是不能通过 1% 的临界值检验，因此也是非平稳的时间序列，但经过一阶差分后即变为平稳序列。

表 7-3　基尼系数和财政支出增长率序列的单位根检验

变量名	检验类型 (C, T, K)	ADF 检验值	5% 临界值	1% 临界值	平稳性
$Gini$	(C, 0, 0)	-0.496339	-2.971853	-3.689194	非平稳
D ($Gini$)	(C, 0, 0)	-5.384803	-2.976263	-3.699871	平稳
$Czgr$	(C, 0, 0)	-3.625331	-2.971853	-3.689194	非平稳
D ($Czgr$)	(C, 0, 0)	-5.184145	-2.976263	-3.699871	平稳

注：检验类型 (C, T, K)，其中 C 代表模型中是否包含常数项，T 代表模型中是否包含趋势项变量，K 表示滞后阶数，D 表示一阶差分。

2. 协整检验

根据上面的单位根检验结果，我们可以得知基尼系数和财政支出的增长率都是一阶单整的时间序列，满足协整检验的前提条件，故下面我们通过协整方程来检验这两个序列之间是否存在协整关系，构造的协整方程当然也是包含常数项而不含趋势项的。这里我们用乔根森方法进行协整分析。

表 7-4　基尼系数和财政支出增长率的协整检验结果

零假设 协整向量个数	特征值	迹统计量	临界值 (5% 显著水平)
0*	0.462603	21.10679	20.26184
至多一个	0.148465	4.339292	9.164546

零假设 协整向量个数	特征值	最大特征值统计量	临界值 (5% 显著水平)
0*	0.462603	16.76750	15.89210
至多一个	0.148465	4.339292	9.164546

注：*表示在 5% 的显著水平下拒绝零假设。

协整检验结果中根据特征值的迹统计量可以判断变量之间的协整关系，如果迹统计量大于临界值，则拒绝原假设；相反，则接受原假设。由表7-4可知，协整检验结果表明在1981~2009年的样本区间内，基尼系数与财政支出的增长率存在一个协整关系，根据向量误差修正模型我们得到均衡向量为：

$$\theta = (1.000000,\ -2.691169,\ 0.120156)$$

故这两个变量之间的协整方程式为：

$$Gini = -2.691169Czgr + 0.120156 \tag{7.7}$$
$$(0.56121)\ \ (0.09298)$$

方程（7.7）表明，在1981~2009年，基尼系数和财政支出的增长率之间存在长期的均衡关系，两个序列之间呈现负相关关系，即财政支出增长率的减小，将使基尼系数增加，也就是使居民的收入分配差距扩大。从图7-4也可以看出，尤其是1993年之后，我国的财政支出增长率总体处于下降趋势，这说明我国财政支出增速的减缓扩大了居民的收入分配差距，另外也说明了我国财政支出增长率若是提高的话，就会缩小居民的收入分配差距。实际上只要是财政支出的增长率为正值，我国的财政支出就是增加的，从整体上来看我国财政支出的增加却伴随着我国收入分配的基尼系数处于上升趋势，这说明我国的财政支出并没有实现其公平性分配的职责，通过这两个变量之间的协整检验，我们发现居民收入分配差距和财政支出增长率之间整体上存在长期的稳定关系。

3. 格兰杰因果关系检验

协整检验只能说明变量之间存在单向的因果关系，并不能具体指出哪个变量是因、哪个变量是果，因此我们进一步用格兰杰因果关系检验基尼系数（Gini）与财政支出增长率（Czgr）之间的因果关系，这里我们选择滞后期。检验结果如表7-5所示。

表7-5　序列 Cini 和 Czgr 的格兰杰因果关系检验

原假设	obs	F 统计量	相伴概率 P
Gini 不是 Czgr 的格兰杰原因	26	0.45467	0.6408
Czgr 不是 Gini 的格兰杰原因		0.22940	0.7970

从表 7 - 5 的检验结果可以看出，原假设"*Gini* 不是 *Czgr* 的格兰杰原因"和"*Czgr* 不是 *Gini* 的格兰杰原因"的相伴概率都比较大，都不能被拒绝，可以认为接受原假设，因此我们认为基尼系数和财政支出增长率之间存在双向的因果关系，则基尼系数即收入分配差距是财政支出增长率变动的原因，财政支出增长率也是基尼系数变动的原因。

财政支出的主要功能之一就是对财政收入进行再分配，调节居民的收入分配状况，实现经济的公平与效率的兼顾发展，因此财政支出会对居民的收入分配产生一定的影响，是居民收入分配变动的一个原因；居民收入分配的不公平，才会导致政府通过财政手段来调节，已达到居民收入分配差距缩小的目的，因此，居民收入分配的基尼系数也是国家财政支出变动的原因之一，也就是财政支出与基尼系数是互为因果的关系。

4. 误差修正模型

基尼系数和财政支出的增长率都是一阶单整的时间序列，且经检验存在协整关系，即稳定的均衡关系。由于经济中各种冲击的存在，这两者之间的关系可能会与均衡关系相偏离，但随着时间的推移，它们会逐渐向均衡状态调整，最终达到均衡状态，以保证财政支出对收入分配的稳定的调整关系。另外，经格兰杰因果关系检验得知我国财政支出的增长率是居民收入分配变动的原因，因此我们可以进一步利用 ECM 模型来分析我国财政支出与收入分配的动态调整过程。这里我们采用两步法对其进行检验，第一步我们对基尼系数和财政支出增长率两变量的差分做回归分析，回归结果见式（7.8），式（7.9）是建立的基于误差修正的 VAR 模型。

$$Gini = 0.007968 - 0.110449 Czgr$$
$$(2.285335) \quad (-1.746473) \tag{7.8}$$

$$R^2 = 0.104997 \quad DW = 1.952557$$

$$\Delta Gini_t = 0.000818 - 1.010884 ECM_{t-1} - 0.106052 \Delta Czgr_t$$
$$(-5.055521) \quad (-2.214330) \tag{7.9}$$

$$R^2 = 0.5565 \quad DW = 2.02$$

方程（7.8）整体上拟合的结果较好，由 t 检验结果可知，协整关系对基尼系数有显著的抑制作用，这说明保持系统的长期稳定关系能显著抑制基尼系数的增长。这一结论说明我国财政支出的增长率越大，将使基尼系数越小，即使居民收入分配的不均等将有所缓解，而反过来，这种长期稳定的关系，也将抑制财政支出增长率的增长趋势，从而保证财政支出的增长不至于过度。

三　城乡人均公共财政支出差距与收入分配差距的实证检验

上节内容我们实证分析了总量的公共财政支出与收入分配的关系，那么从城乡人均财政支出和收入的数据上，我们可以更清楚地看到政府对城市和农村居民的财政支出的状况，可以更清楚地分析我国财政支出对目前居民收入分配差距的影响。

（一）数据来源

我国的经济社会发展由于历史的因素形成了典型的二元经济结构，被分为城镇和农村区域，城镇和农村地区不仅经济发展水平不同，而且享受的国家政策也都不尽相同，城乡之间各方面的差距还是相当大的，因此在分析收入分配的问题中，有很多学者将我国的居民分为城镇居民和农村居民来分析，这里我们分析政府的公共财政支出时，也将居民分为城镇居民和农村居民。我们按照财政支出的受用对象，将公共财政支出分为对农村居民的支出和对城镇居民的支出，农村居民公共财政总支出的计算数据包括农业基本建设支出、支农支出、农村救济费、农业科技三项费用和其他等费用，城镇居民公共财政支出包括城镇基本建设支出、挖潜改造资金、增拨企业流动资金、城镇科技三项费用、公交流通部门事业费、地质勘探费、文教科卫事业费支出、行政管理支出、社会保障支出、政策性补贴等。数据主要来源于2007年的《中国统计年鉴》，2007年以后的财政支出统计方法有所变动，我们无法判断出财政支出的受用对象是城镇居民还是农村居民，因此我们只能采用1978～2006年的数据，这里我们仅分析城乡公共财政支出与城乡收入分配差距的变化趋势，故不影响我们的分析结果。城乡人均公共财政支出的数据用城乡公共财政支出与城乡总人口之比表示，而城乡人均公共财政支出差距的数据我们用城乡人均财政支出之比表示，城乡人均收入分配差距的数据用城乡人均可支配收入之比表示。

表 7 - 6　城乡人均公共财政支出与收入

年份	城乡人均公共财政支出			城乡人均收入		
	农村（元）	城镇（元）	城乡比率	农村（元）	城镇（元）	城乡比率
1978	19.07	401.68	21.06	133.6	343.4	2.57
1979	22.05	452.34	20.51	160.2	387	2.42
1980	18.85	428.48	22.73	191.3	477.6	2.50
1981	13.79	391.28	28.37	223.4	491.9	2.20
1982	15.03	396.15	26.36	270.1	526.6	1.95
1983	16.46	448.57	27.25	309.8	564	1.82
1984	17.59	511.65	29.09	355.3	651.2	1.83
1985	19.02	572.87	30.12	397.6	739.1	1.86
1986	22.70	605.89	26.69	423.8	899.6	2.12
1987	23.98	573.48	23.91	462.6	1002.2	2.17
1988	25.99	610.70	23.50	544.9	1181.4	2.17
1989	31.98	644.37	20.15	601.5	1375.7	2.29
1990	36.59	689.43	18.84	686.3	1510.2	2.20
1991	41.07	723.82	17.62	708.6	1700.6	2.40
1992	44.24	751.03	16.98	784	2026.6	2.58
1993	51.61	882.40	17.10	921.6	2577.4	2.80
1994	62.21	1037.29	16.67	1221	3496.2	2.86
1995	66.89	1192.54	17.83	1577.7	4283	2.71
1996	82.32	1312.88	15.95	1926.1	4838.9	2.51
1997	91.05	1439.97	15.82	2090.1	5160.3	2.47
1998	138.87	1585.04	11.41	2162	5425.1	2.51
1999	132.35	1968.89	14.88	2210.3	5854.02	2.65
2000	152.35	2163.00	14.20	2253.4	6280	2.79
2001	183.09	2417.69	13.20	2366.4	6859.6	2.90
2002	202.04	2842.29	14.07	2475.6	7702.8	3.11
2003	228.29	2979.04	13.05	2622.2	8472.2	3.23
2004	308.78	3267.14	10.58	2936.4	9421.6	3.21
2005	328.71	3777.73	11.49	3254.9	10493	3.22
2006	430.28	4360.59	10.13	3587	11759.5	3.28

由表 7-6 和图 7-5 我们可以看出，我国城乡人均公共财政支出的差距是相当大的，差距的最高点即 1985 年城镇人均公共财政支出是农村人均公共财政支出的 30.12 倍，在 1978~1985 年，城乡人均公共财政支出差距整体呈上升趋势，而这段时间城乡人均收入分配差距呈现微幅的下降趋势，说明这段时间我国财政支出实际上并没有很好地调节居民的收入再分配。在 1985~2006 年这段时间，可以看出我国城乡人均公共财政支出的差距总体上呈现下降趋势，而城乡人均收入分配差距却整体呈现上升趋势，这种状况与财政支出理论也相违背，人均公共财政支出差距的缩小却伴随着人均收入分配差距的扩大，这也至少说明我国的公共财政支出政策并没有为缩小居民的收入分配差距做出贡献；另外我们也可以看出这段时间，至少国家财政支出不再是一直倾向于对城镇居民支出，对农村居民支出的力度逐渐加大，整体上城乡人均财政支出的比率从 1985 年的 30.12 减小到 2006 年的 10.13，减小了 66.37%。这也是财政政策趋向于公平支出的一个较大的进步。

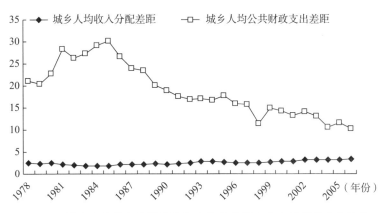

图 7-5　城乡人均收入分配差距与人均公共财政支出差距的变化趋势

（二）城乡人均公共财政支出差距与收入分配差距的实证检验

根据图 7-5 我们可以看出，城乡人均公共财政支出差距和城乡人均收入分配差距之间并没有明显的趋势关系，故可能不存在长期的均衡关系，下面我们检验一下城乡人均公共财政支出差距与城乡人均收入分配差距之间是否具有格兰杰因果关系。为了消除伪回归现象，我们首先将序列进行单位根检验，检验城乡人均公共财政支出差距（*Rjgini*）与人均收入分配差距（*Rjczzc*）的序列是否为平稳序列，表 7 - 7 列出了这两个序列的单位根检验结果。

表 7 - 7　城乡人均公共财政支出差距与人均收入分配差距的单位根检验

变量名	检验类型 （C，T，K）	ADF 检验值	5% 临界值	1% 临界值	平稳性
Rjgini	（C，0，1）	- 0.805747	- 2.976263	- 3.699871	非平稳
D（*Rjgini*）	（C，0，0）	- 3.285630	- 2.976263	- 3.699871	非平稳
DD（*Rjgini*）	（C，0，3）	- 3.998001	- 2.998064	- 3.752946	平稳
Rjczzc	（C，0，0）	- 0.371091	- 2.971853	- 3.689194	非平稳
D（*Rjczzrc*）	（C，0，0）	- 5.327274	- 2.976263	- 3.699871	平稳

注：检验类型（C，T，K），其中 C 代表模型中是否包含常数项，T 代表模型中是否包含趋势项变量，K 表示滞后阶数，D 表示一阶差分，DD 表示二阶差分。

检验结果显示（见表 7 -7），城乡人均公共财政支出差距序列是非平稳序列，当对其进行一阶差分后，其 ADF 检验值通过了 5% 的临界值检验，但仍未通过 1% 的临界值检验，也就是说在 5% 的临界值下为平稳序列，但在 1% 的临界值下为非平稳序列，当对其进行二阶差分后，通过检验二阶差分后的序列在 5% 和 1% 的临界值下都为平稳序列；经检验人均收入分配差距为非平稳序列，而经过一阶差分后的收入分配差距序列为平稳序列，我们用通过检验的平稳序列对城乡人均公共财政支出差距和人均收入分配差距进行格兰杰因果关系检验。表 7 -8 列出了格兰杰因果检验的结果。

表 7 -8　序列 *Rjgini* 和 *Rjczzc* 的格兰杰因果关系检验

原假设	obs	F 统计量	相伴概率 P
Rjgini 不是 *Rjczzc* 的格兰杰原因	25	0.18022	0.8364
Rjczzc 不是 *Rjgini* 的格兰杰原因		0.20562	0.8158

我们对单位根检验后的平稳序列进行格兰杰因果关系检验，检验结果显示（见表 7 -8），"*Rjgini* 不是 *Rjczzc* 的格兰杰原因" 和 "*Rjczzc* 不是 *Rjgini* 的格兰杰原因" 的相伴概率都比较大，都不能被拒绝，也就是我们可以接受原假设，即接受城乡人均公共财政支出差距是人均收入分配差距

变动的格兰杰原因，也可以接受人均收入分配差距是城乡人均公共财政支出差距变动的格兰杰原因，这两个序列之间是双向因果关系。

第四节　本章小结

公共财政支出是政府实施收入再分配的一个重要途径，本章对我国政府的公共财政支出对居民收入分配的影响进行了初步的研究。

首先，我们介绍了公共财政支出的相关概念，包括公共财政支出的内涵、分类以及基本特征等，增加了我们对公共财政支出的认识。其次，我们从公共财政支出的公平与效率角度，回顾了有关研究者对公平与效率的理解，同时认识到公平与效率的概念也适合于公共财政支出的特点，并通过实际数据分析了我国公共财政支出的公平与效率的变化趋势，并分析了财政中公平支出与居民收入分配的变化趋势。最后，我们进一步实证分析了我国公共财政支出对居民收入分配的影响关系，分别从总的公共财政支出和人均公共财政支出的角度分析其与居民收入不平等的关系，主要运用了单位根检验、协整检验、格兰杰因果关系检验、误差修正模型等方法。

总的来看，近年来我国政府的公共财政支出增长速度超过了 GDP 的增长速度，公共财政支出的增加却伴随着居民收入分配差距的扩大，其中财政支出中公平支出处于增长趋势，但是其公平支出并没有缩小居民收入分配的差距；我国公共财政支出的增长率与居民收入分配的基尼系数经过协整检验得出它们存在长期的均衡关系，且两者之间互为因果关系。另外城乡人均公共财政支出差距的缩小，却伴随着城乡居民收入分配差距的扩大，且城乡人均公共财政支出与城乡人均收入分配差距也是互为因果关系的。基于以上分析可知，我国的公共财政支出不但没有起到缩小居民收入分配差距的作用，反而有可能使其差距扩大，因此下一步我们要研究的是采取何种政策措施，使政府的公共财政支出能起到收入公平性再分配的职能。

第八章　收入不确定的测度
及其对消费的影响

　　消费是社会经济发展的一个重要组成部分，消费量的大小直接影响社会的经济发展，而我国的消费却一直处于较低的水平，如我国的消费率在2000年（63.3%）达到最高值之后，一直下降到2010年的最低点（48.5%），之后又稍有回升，但是也仅上升到2015年的51.8%，而国际上其他国家的平均消费率一般在60%～80%，可见我国的消费率还是远低于世界平均水平的，过低的消费显然影响到社会经济的其他如投资、产业结构、居民生活水平等各方面，因此消费问题也是一个非常紧迫的问题。我国的特殊国情当然不能直接用西方的经济理论来解释，但如果仅从理论上分析当然也缺乏说服力，本书就试图对居民所面临的不确定进行测度，进而实证分析不确定对我国城镇居民消费产生的影响。

第一节　不确定的概念及测度方法

　　不确定是指经济主体面临直接或间接影响经济活动的各种因素时，对经济运行做出的主观判断。不确定是经济活动中不可避免的因素，对经济主体的决策行为也会产生重要的影响，凯恩斯在1936年首次将不确定引入宏观经济分析，提出了绝对收入消费函数理论（不存在不确定因素），西方学者对于消费理论的研究也相应地经历了从"确定"到"不确定"的过程，目前在不确定条件下对消费问题的研究已是现代西方经济理论与实证研究的前沿。那么，研究不确定对消费的影响，显然对不确定的测度是其关键，如何测度不确定也是众多学者一直在探讨的课题，目前不确定的测度方法可分为如下四类。

第一，根据收入或消费的预期值与实际值的数据，计算其平方差、离差或离差率等作为不确定的代理指标；第二，使用职业、失业率、收入的增长率等作为不确定的代理指标；第三，使用收入、消费、地区等分组数据的标准差或方差作为不确定的代理指标；第四，通过问卷调查，测算被调查者对未来预期不确定的感知程度，进而衡量不确定的大小，如消费者信心调查中对未来经济形势、购买环境、就业预期等。

以上各种测度方法均有其优缺点，目前为止还没有大家公认的最好方法。但笔者也发现，在这些常用的测度方法中，一般只是反映了实际收入或消费的波动，并没有反映出经济主体的心理因素，而不确定的本质含义在很大程度上依赖于人们的心理预期，石文典等（2003）提出心理预期因素在消费者决策的过程中起着异常关键的作用。在实证方面，徐会奇等（2013）分别从心理感知出发，提出了心理偏差（率）度量不确定，这种方法引入了居民的消费习惯和心理感受，相比较能更准确地反映不确定。基于以上分析，笔者认为不确定的测度方法还有进一步改善的余地，也就是在进行测度时可以加入经济主体的心理因素。本书就试图用反映经济主体心理预期因素的企业景气指数和消费者信心指数两个指标分别估计居民的预期收入，进而计算收入的不确定。另外，GARCH 模型中的条件方差反映了样本的个体差异，并且是以前期信息为基础进行的预测，在一定程度上也反映了经济主体的习惯与主观判断，故本书也用 GARCH 模型进行不确定的测度，以便对比分析不同方法的测度结果。

第二节 不确定的测度方法与结果分析

一 收入不确定的测度方法

1. 用心理指标计算收入的不确定

根据预防性储蓄理论，影响居民消费的因素很大程度上来自人们对未来的心理预期，如对经济形势、收入、疾病等不确定的预期，尤其是收入的不确定。收入不确定的预期又与国家的经济发展，更直接地来说是与企业的经营状况紧密相关，即若对企业的发展预期较好，则说明国家的经济发展良好，居民的预期收入也就相对比较稳定，反之，则相反。而企业景气指数（BSI）正是反映企业经营状况的一个统计指标，在一定程度上反映了国家宏观经济的运行状况，因此根据此指标来预测居民未来的收入，从理论上来说是比较合适的。另外，消费者信心指数又称消费者情绪指数（CSI），实质上反映了消费者对家庭收入水平的估计和预期，这种预期会引起消费者信心的变化，进而导致其消费决策的改变，因此，这个指标对预测消费者的收入与消费都具有重要的参考意义。根据以上分析，我们认为预期收入主要是受当前的收入以及反映未来经济发展状况的心理指标的影响。故本书构建一个简单的线性回归模型，分别用企业景气指数和消费者信心指数以及收入的滞后一期作为解释变量，来估计居民的预期收入。模型如下：

$$y_t = \beta_0 + \beta_1 x_t + \beta_2 y_{t-1} + \mu \qquad (8.1)$$

式（8.1）中，解释变量 x 代表企业景气指数或消费者信心指数。考虑到我国企业的生产发展对城镇居民的收入影响较大，因此，被解释变量 y 我们选用城镇居民的收入。但是，我国城镇居民可支配收入的数据为调查户数据，存在较大误差，故选用我国国内生产总值（GDP）作为城镇居民收入的代理变量。其中 GDP 数据经以 2000 年为基期 100 的消费者价格指数调整，用 X11 法消除季节性因素，本模型所用的数据均来自历年的《中国统计年鉴》或中国经济信息网，考虑到数据的自相关性我们均采用变量的增长率来计算，即取对数的差分，使用的数据为 2000~2016 年的季度数据。在计算的过程中，发现我国经济受 2008 年金融危机的影响，存在明显的拐点，因此在计量模型中增加了一个时间变量来表示此现象。模型的估计结果如表 8-1 所示。

表 8-1　用心理指标估算的预期收入

模型	Adj R^2	R^2	DW
$\hat{y} = 2.697 + 0.080BSI_t + 0.568y_{t-1} - 1.182T$	0.468	0.493	2.115
(3.136)*** (5.241)*** (-2.142)**			
$\hat{y} = 3.784 + 0.121CSI_t + 0.597y_{t-1} - 1.379T$	0.450	0.476	2.082
(2.809)*** (5.639)*** (-2.323)**			

注：***、**分别表示在 1%、5% 的水平下显著。

　　根据表 8 - 1，用 *BSI* 和 *CSI* 拟合的模型结果都比较好，两个模型的拟合优度及其对收入的影响都比较接近，说明这两个指标拟合的预期收入结果都较为可靠。图 8 - 1 和图 8 - 2 分别显示了表 8 - 1 中两个模型的拟合情况。从图中可以看出，2007 年到 2009 年的波动比较大，这主要与从 2007 年开始到 2009 年基本结束的全球性的金融危机有关，导致该区间的预测误差波动较大。

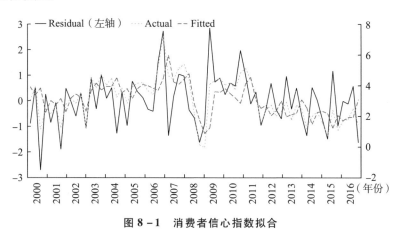

图 8 - 1　消费者信心指数拟合

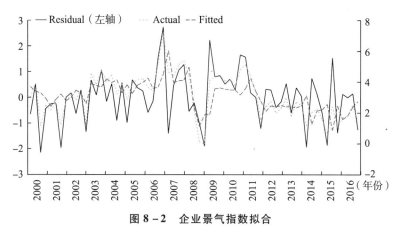

图 8 - 2　企业景气指数拟合

　　进一步我们根据模型对收入的预测值，用预测值与实际收入的差的平方作为不确定的代理变量，计算公式如下：

$$_t\sigma_{t+1}^e = (_t\hat{y}_{t+1} - y_{t+1})^2 \qquad (8.2)$$

　　式（8.2）中，$_t\sigma_{t+1}^e$、$_t\hat{y}_{t+1}$、y_{t+1} 分别为 t 期预测的 $t+1$ 期的收入的不确

定、利用 BSI 或 CSI 预测的 $t+1$ 期的收入和 $t+1$ 期的实际收入。图 8 - 3 是我们根据公式（8.2）拟合的收入不确定的趋势，同样，2007 年到 2009 年的收入不确定波动比较大，与当时的金融危机经济背景相符合。总的来看，用 BSI 和 CSI 两个指标来计算的收入不确定数据波动比较接近，说明这两种方法估计的结果一方面都比较准确地反映了当时的经济背景，另一方面估计的结果也比较一致，较为可信。

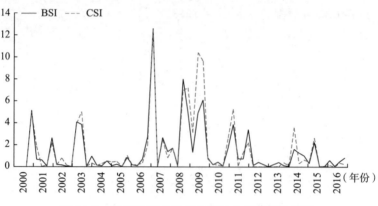

图 8 - 3　用 BSI 和 CSI 拟合的收入不确定的趋势

2. 利用 GARCH 模型对收入、贷款和资产价格不确定的测度

前文我们用心理指标计算出来的不确定，其缺点是数据时间较短，除了收入与消费外，其他如贷款、资产价格等不确定的测度也面临同样的问题，并且目前还没有合适的心理指标来反映居民的这种期望，无法测度。为了弥补这一空缺，我们利用 GARCH 模型中的条件异方差模型对不确定指标进行测度，GARCH 模型中的条件异方差是以前面信息为基础的一期或若干期的向前预测方差，反映了不确定依赖于人们的以往经验，在一定程度上也反映了居民的主观判断。基于 GARCH 模型的以上特点，现有文献中常用 GARCH 模型对股票、汇率等金融时间序列数据研究，但对于不确定的估计笔者认为也能用此模型较好地解决。GARCH 模型的基本形式如下：

$$y_{t+1} = \beta x_{t+1} + \varepsilon_{t+1} \quad \varepsilon_{t+1} \mid \psi_t \sim \mathrm{N}\,(0,\ h_{t+1}) \tag{8.3}$$

$$h_{t+1} = \alpha_0 + \alpha_1 \varepsilon_t^2 + \alpha_2 \varepsilon_{t-1}^2 + \cdots + \alpha_p \varepsilon_{t-p+1}^2 \tag{8.4}$$

这里 $\alpha_0 > 0; \alpha_1, \alpha_2, \cdots, \alpha_p \geqslant 0; \sum_{i=1}^{p} \alpha_i < 1$。$h_{t+1}$ 是条件异方差，ψ_t 是 t

期之前的所有信息，x 是 y 的解释变量。

GARCH 模型中，随机误差项的条件异方差 h_{t+1} 依赖于其前期值的大小，并且具有异方差的特性，故 GARCH 模型不仅考虑了当期不确定因素的影响，也考虑了前期不确定因素的影响，人们对未来的预期也是根据其经验以及未来的经济变化来判断的，而 GARCH 模型在一定程度上反映了居民的这种预测行为，因此，GARCH 模型的随机项的方差可以作为不确定的一个代理指标。当然，GARCH 模型仅反映了对过去经验的依赖，并没有反映未来的经济变化预期成分，具有一定的局限性。但是居民对于预期的判断主要还是依赖于以往的经验，根据以上分析，利用 GARCH 模型测定不确定的方法，在一定程度上也反映了居民的心理预期。

另外，对居民消费影响比较大的因素除了收入外，还有贷款规模以及资产价格的不确定，如周华东和高玲玲（2014）分别研究了房价变化对居民消费的影响。下面我们分别根据居民收入、贷款、房价和股票收益等数据用 GARCH 模型来估计其不确定。这里，居民收入用收入的增长率代理；贷款规模的数据来源于中国人民银行网站，因住户贷款数据不全面，这里用各类新增贷款的数据，房价的数据来源于历年《中国统计年鉴》，房价用商品房销售额除以销售面积得到，因新增贷款与房价的数据均存在季节性因素，故都用 X11 法进行季节性调整后用对其取对数的数据来计算；股票收益用每季度三个月的股票收盘指数的平均值，再取其对数的差分数据来表示。表 8-2 列出了数据平稳性的检验结果，各列数据都比较平稳，因此我们可以进一步用 GARCH 模型对数据回归。

表 8-2　收入增长率、贷款规模、房价和股票收益的时间序列的数据性质

变量	收入增长率	贷款规模	房价	股票收益
时间	2000 年 1 月 4 日 ~ 2016 年 3 月 4 日	2002 年 1 月 4 日 ~ 2016 年 3 月 4 日	2000 年 1 月 4 日 ~ 2016 年 3 月 4 日	2000 年 1 月 4 日 ~ 2016 年 3 月 4 日
平均值	3.122	4.120	8.223	0.009
标准差	1.415	0.292	0.423	0.142
偏度	0.040	-0.385	-0.112	-0.063
峰度	2.854	1.923	1.641	2.933
ADF 统计量	0.000	0.003	0.027	0.000

变量	收入增长率	贷款规模	房价	股票收益
Q (1)	0.000	0.000	0.000	0.001
Q (10)	0.000	0.000	0.000	0.000

根据所做的结果分析我们发现收入增长率、贷款规模和房价选用 GARCH 模型更为合适，而股票收益则用 TGARCH 模型更为合适，结果如表 8 - 3 所示，各模型结果经检验效果都较好。

表 8 - 3　GARCH 模型的计算

待估参数	收入增长率	贷款规模	房价	股票收益
α_1		0.513 ** (2.053)	0.055 *** (11.814)	- 0.015 ** (- 2.130)
α_2	0.918 *** (32.084)	0.882 *** (14.821)	0.996 *** (901.876)	0.295 *** (3.621)
β_1	1.798 *** (6.420)	0.003 *** (6.424)	0.000	
β_2	0.119 ** (2.177)	0.0373 *** (3.402)	- 0.134 ** (- 2.330)	0.257 *** (3.498)
β_3	0.272 ** (2.124)	1.708 *** (52.428)	1.083 *** (15.717)	0.743 *** (10.091)
β_4	- 0.759 *** (- 5.112)	- 0.944 *** (- 27.472)		
L	- 101.641	48.867	116.051	21.177

注：*** 表示 1% 的显著水平，** 表示 5% 的显著水平，* 表示 10% 的显著水平。L 为似然比统计值。

图 8 - 4 显示了用不同的指标测度的收入不确定的趋势，可以看出，2002～2003 年和 2008～2009 年用不同方法测度的收入不确定波动都比较大，但用 GARCH 模型预测的波动更大。一方面是与这两年发生的特殊事件有关，即 2003 年的 SARS 事件和 2008 年的金融危机事件；另一方面是这种特殊事件的冲击会导致经济主体预期收入的偏差过大，故收入不确定波动也会加大，但是用 BSI 和 CSI 这两个指标的预期会更加准确一些，因为经济主体在预期时考虑了未来经济的发展状况，而用 GARCH 模型的预测仅依赖于过去的经验，所以其波动会更大一些。总的来看，用 BSI 和

134

CSI 计算的收入不确定数据波动较接近，可能更为准确。

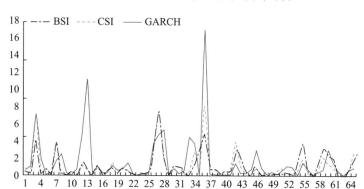

图 8 - 4 用 BSI、CSI 和 GARCH 模型测度的收入不确定指标间的对比

注：图中的横坐标表示从 2000 年第三季度到 2016 年第三季度共 64 个季度数据，在横坐标上依次记为 1 ~ 64，由于数据太多，坐标轴上每隔 3 个数据显示一个标记数。

第三节　不确定与消费的相关性分析

一　收入不确定与消费的相关性分析

图 8 - 5 为消费的循环周期①与收入不确定的趋势。可以看出，收入不确定大的年份，居民消费收缩也较大，如 2008 ~ 2009 年由金融危机导致收入不确定增大，同时消费收缩也较大；相反收入较为稳定的年份，消费是扩张的，如从 2011 年之后随着经济的稳定发展，收入不确定减小，消费也有逐步扩大趋势，同时消费周期缩小。

表 8 - 4 列出了收入的不确定与消费的相关系数，发现收入的不确定与当期 t 的消费正相关性较大，与滞后期的相关性较小，与预期 $t + 1$ 期和 $t + 4$ 期的相关性呈较大的负相关，说明收入的不确定促进了当期的消费，减少了未来的消费。

---

① 消费的循环周期图是我们根据 2000 ~ 2016 年的我国城镇居民消费的季度数据，用 X11 方法剔除季节性因素，然后用 HP 滤波的方法分离出趋势成分和循环成分数据，根据分离出的循环成分画出来的。

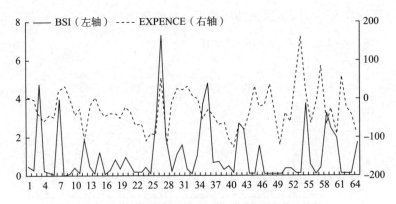

图 8 - 5　消费的循环周期与收入的不确定的趋势

注：图中的横坐标表示从 2000 年第三季度到 2016 年第三季度共 64 个季度数据，在横坐标上依次记为 1~64，由于数据太多，坐标轴上每隔 3 个数据显示一个标记数。

表 8 - 4　t 期收入的不确定与 $t+i$ 期消费的相关系数

城镇	- 2 季度	- 1 季度	0 季度	1 季度	2 季度	3 季度	4 季度
BSI	- 0.047	- 0.051	0.122	- 0.085	0.040	0.059	- 0.073
CSI	- 0.015	- 0.022	0.107	- 0.125	- 0.025	0.027	- 0.157
GARCH	0.012	0.002	0.164	- 0.133	- 0.056	- 0.050	- 0.227

二　贷款和资产价格的不确定与消费的相关性分析

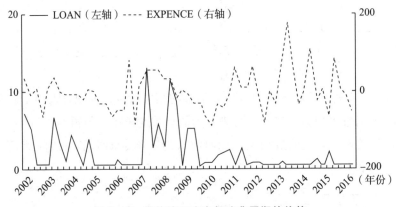

图 8 - 6　贷款的不确定与消费周期的趋势

图 8 - 6 显示了贷款的不确定与消费周期的趋势，可知在贷款不确定波

动较大时期，如在 2002～2010 年，消费总体上是处于收缩趋势的，而在贷款不确定波动较小时，如 2010～2016 年，消费总体上是处于扩张趋势的，并且周期缩短。另外房价的不确定对消费的影响与贷款类似；而股票收益的不确定对居民消费的影响不大，故不再详述。

表 8－5 列出了贷款规模、房价和股票收益的不确定与消费的相关系数。贷款规模的不确定与当期消费有较大的正相关性（0.151），说明促进了当期的消费，与 $t+1$ 期和 $t+2$ 期消费的相关性较弱，而与 $t+3$ 期和 $t+4$ 期的消费有较大的负相关性，说明贷款规模对预期的消费起抑制作用。房价的不确定与当期消费呈负相关性，但是相关性较弱，与未来 4 期的消费都呈负相关并且与近期的消费相关性较弱，与远期的消费相关性较强，说明房价的不确定对居民未来消费的抑制作用较强。股票收益的不确定与当期的消费呈负相关（－0.001），相关性较小且作用不大，与 $t+1$ 期和 $t+3$ 期的消费正相关，与 $t+2$ 期和 $t+4$ 期的消费负相关，没有明显规律。

表 8－5　t 期贷款规模、房价与股票收益的不确定与 $t+i$ 期消费的相关系数

城镇	－2 季度	－1 季度	0 季度	1 季度	2 季度	3 季度	4 季度
贷款规模	－0.077	0.179	0.151	0.079	0.018	－0.143	－0.148
房价	0.018	0.001	－0.076	－0.107	－0.042	－0.113	－0.103
股票收益	0.030	0.034	－0.001	0.062	－0.018	0.130	－0.122

注：贷款的区间是 2002 年第三季度至 2016 年第三季度，房价和股票的区间都是 2000 年第四季度至 2016 年第三季度。

第四节　不确定对消费的实证分析

以上我们只是用不确定与消费的趋势图或者是相关系数来分析两者之间的关系，这种分析当然还是比较粗略的，下面我们根据预防性储蓄理论，构造消费函数，进一步分析不确定对我国城镇居民消费产生的影响。

一　消费行为函数的分析

在目前经济发展不稳定的背景下，居民所面临的收入也不稳定，故假设居民只能在一段时期内实现其消费效用最大化，而效用函数 U（·）具有时间可加性，且满足 $\mu' > 0$，$\mu'' < 0$，$\mu''' > 0$，根据 Hahm 和 Steigerwald（1999）提出的消费者行为模型，如下所示：

$$\max_c E_t \left[\sum_{i=0}^{\infty} \left(\frac{1}{1+\delta} \right)^i U(C_{t+i}) \right] \tag{8.5}$$

式（8.5）中，E_t 为消费者第 t 期的条件期望，δ 是时间偏好率。消费的预算约束为 $C_{t+i} = Y_{t+i} + (1+\gamma_t) A_{t+i-1} - A_{t+i}$，$C_t$、$Y_t$、$\gamma_t$、$A_t$ 分别为第 t 期的消费、劳动收入、实际利率、非人力财富，且 $\lim_{i \to \infty} (1+\gamma)^{-i} A_{t+i} = 0$。我们假设消费者是绝对风险厌恶者，采用 Caballero（1990）提出的常绝对风险效用函数（Constant Absolute Risk Aversion，CARA）$U(C_t) = -\theta^{-1} e^{-\theta c_t}$，$\gamma = \delta$、$\theta > 0$ 是常绝对风险规避系数，式（8.5）的效用最大化问题可以用欧拉方程来解决：

$$e^{-\theta c_t} = E_t e^{-\theta c_{t+1}} \tag{8.6}$$

我们假设劳动收入是消费不确定的唯一来源，即 $Y_{t+1} = Y_t + W_{t+1}$，W_{t+1} 是均值为 0，方差为 $E_t W_{t+1}^2$ 的高斯分布。消费者的最优消费路径最终推导为：

$$\Delta C_{t+1} = (\theta/2) E_t W_{t+1}^2 + W_{t+1} \tag{8.7}$$

可见收入的不确定对消费的影响是非常明显的，ΔC_{t+1}（$\Delta C_{t+1} = \mu + \varepsilon_{t+1}$）是一个随机游走过程，其调整取决于收入不确定的程度，由式（8.7）的两边都除以 C_t 可衍生出下式：

$$\Delta \ln C_{t+1} = \alpha + \beta_1 (1/C_t) E_t W_{t+1}^2 + W_{t+1}/C_t \tag{8.8}$$

α 为常量，$\beta_1 = \theta/2$，$E_t W_{t+1}^2$ 为劳动收入的预测误差的方差，W_{t+1}/C_t 是消费增长率的预测误差，式（8.8）表示在谨慎储蓄理论下，消费增长率是收入不确定的函数，也可以用收入增长率的不确定来预期消费的增长率。实际上人们往往对消费存在过度敏感，在模型回归中简单地用收入的不确定来解释消费的增长是不完善的，因为消费还和预期的收入以及消费习惯有极大的关系，故我们在式（8.8）中加入收入增长率的期望值 $E_t \Delta \ln Y_{t+1}$ 表示收入不确定下消费的敏感性，加入 $\Delta \ln C_t$ 表示消费习惯，同

时用 U_{t+1} 来代替 W_{t+1}/C_t:

$$\Delta\ln C_{t+1} = \alpha + \beta_1 \; (1/C_t) \; E_t W_{t+1}^2 + \beta_2 E_t \Delta\ln Y_{t+1} + \beta_3 \Delta\ln C_t + U_{t+1} \qquad (8.9)$$

式（8.9）中，β_1、β_2、β_3 分别表示收入的不确定、收入增长率和消费习惯对消费的影响。

二　收入的不确定对消费行为的影响

根据模型（8.9），我们进一步检验收入的不确定对消费的影响，本部分收入和消费的数据分别采用城镇居民的人均可支配收入和人均消费性支出的增长率数据，收入的不确定采用本章第二节得出的结果。在计算的过程中，发现误差存在自相关，故我们将模型调整为：

$$expen = \alpha + \beta_1 incom + \beta_2 unc + \beta_3 unc \; (-1) + \beta_4 expen \; (-1) + \beta_5 expen \; (-2) + U_{t+1}$$

$$(8.10)$$

式（8.10）中，$expen$ 表示消费的增长率，$incom$ 表示收入的增长率，unc 表示收入的不确定。

表8-6　消费者行为函数的估算结果

变量	因变量（$expen$）		
	BSI	CSI	GARCH
C	0.4925 * (1.787)	0.4867 * (1.737)	0.5012 * (1.797)
$incom$	0.6297 *** (4.760)	0.6296 *** (4.715)	0.6029 *** (4.604)
unc	0.4732 ** (2.474)	0.4763 ** (2.445)	0.4689 *** (2.957)
$unc\;(-1)$	−0.5193 *** (−2.714)	−0.4582 ** (−2.324)	−0.3115 * (−1.951)
$expen\;(-1)$	−0.5675 *** (−4.330)	−0.5615 *** (−4.184)	−0.5933 *** (−4.494)
$expen\;(-2)$	−0.3949 *** (−2.961)	−0.3386 ** (−2.488)	−0.3813 *** (−2.811)
R^2	0.5640	0.5690	0.5759
DW	2.1933	2.2011	2.1880

注：*** 、** 、* 分别表示在1%、5%、10%的水平下显著。

表 8 - 6 是我们根据式 (8.10) 计算的结果, 列出了由心理指标 BSI 和 CSI 以及 GARCH 模型测度的收入不确定对城镇居民消费行为的估算结果, 结果显示拟合程度较好, 残差都不存在序列自相关。常数项在 10% 的水平下显著; 敏感性系数在 1% 的水平下显著, 说明收入是消费的主要影响因素, 当然估计结果也显示了消费还受其他因素的影响; 当期的收入不确定对消费起显著的促进作用, 滞后 1 期的不确定对消费起显著的抑制作用, 说明预期收入不确定的增加减少了当期的消费, 这与预防性储蓄理论相一致, 说明居民为了预防未来的不确定而增加了当期的储蓄, 尤其是在我国目前收入不确定、社会保障制度不健全的情况下, 居民的预防性储蓄欲望是比较强烈的; 消费滞后 1 期和 2 期, 即消费习惯对消费的影响也是比较显著的, 并且都对消费增长率起一定的抑制作用。这三个模型做出的结果都比较近似, 说明其测度的收入不确定都比较可靠。

三 不确定对消费的影响

根据经济学原理, 居民的收入实际上主要有两种用途, 即消费和储蓄, 对于储蓄部分, 人们为了保值、增值除了储蓄现金之外, 往往还会选择其他产品进行投资, 而房产和股票是目前居民选择较多的投资领域。其中购买房产实际上具有双重作用, 一方面可以自住, 这样就不会有收益, 另一方面可用于投资, 因此房价及不确定可能会影响居民的消费情况; 股票是居民投资的另一个主要途径, 股票收益及其不确定也有可能是影响居民消费的因素; 另外, 居民贷款可用来投资或消费, 贷款的不确定也可能会影响居民的消费, 同时利率的大小也可能会影响到居民的消费或投资。因此本部分考察收入、房产价格、股票收益和贷款的不确定对消费的影响, 并将利率、房产价格和股票收益作为控制变量加入模型中, 故本部分所建立的模型如下式:

$$\Delta \ln C_t = \alpha_0 + \alpha_1 \Delta \ln Y_t + \alpha_2 R_t + \alpha_3 \ln H_t + \alpha_4 \ln S_t + \alpha_5 Unc_t \tag{8.11}$$

模型中消费 (C)、收入 (Y)、房产价格 (H)、股票收益 (S)、不确定 (Unc) 分别是前文所用到的消费增长率、收入增长率、房产价格、股票收益以及计算出来的不确定数据, 另外, 利率数据是经过加权计算的月度值, 最后取其每季度三个月的平均值。数据均为 2000 年 1 月 4 日 ~2016

年 3 月 4 日的季度数据，所有数据均经过 ADF 单位根检验为平稳序列。

我们首先用模型（8.11）做了收入的不确定（分别用 BSI、CSI、GARCH 模型估计的不确定）对消费的影响，结果发现三个模型中房价、股票收益和利率对消费的影响都不显著，剔除掉这三个控制变量后，结果与表 8－6 结果基本一致，故不在这里重复。我们分析房价对消费的影响不显著有可能是因为我国房价具有特殊性，区域不同、城市不同房价也大不相同，对于不同收入阶层的居民来说，房子自住与投资的作用也不一样，鉴于目前我国房产市场的这种特殊性以及复杂性，可能会导致我们的研究有偏差，则不太可信，需要更进一步细化各区域与各城市的数据或许更有说服力，本书不再进一步分析。股票市场在我国发展历程较短且不完善，而投资股票也需要一定的专业知识，相对于我国居民目前投资观念较差，整体投资素质不是太高，投资股票目前也并不是居民普遍的选择，因此股票收益对居民消费的影响不显著也合理。利率理论上来说对居民的消费应该是有影响的，但是鉴于我国居民的医保、社保等其他社会保障较不完善，使居民所面临的不确定增加，以致形成了较强的储蓄偏好，所以我国大部分居民往往是不管利率的高低，都会倾向于储蓄，故利率对消费的影响也不显著。

接着我们又用模型（8.11）分别做了利率、房价和股票收益的不确定对消费的影响，结果发现在所做的模型中，房产价格、股票收益和利率这三个变量也都不显著，原因可能与上面分析类似，不再赘述，故在模型中将这三个因素删除。结果如表 8－7 所示，发现贷款与股票收益的不确定对居民消费的影响都不显著，原因可能是贷款包括的范围主要是企业贷款与居民贷款，目前居民的住房贷款较多，但是我国居民的传统消费观念是尽量消费自己的已有财富，而不偏好去借款消费，因此大多数居民还是尽可能地减少消费，倾向于用储蓄买房，而不是选择贷款，贷款的人群相对来说还是比较少的，故贷款的不确定对居民的影响不显著，还有一个原因也可能是我们的数据不太准确，由于无法得到准确的居民贷款数据，模型中采用的是每季度的新增贷款，包含了企业贷款，这也可能会导致贷款不确定对居民消费的影响不显著；另外我国目前购买股票投资的人群相对较少，因此股票收益的不确定对居民的消费也不产生显著的影响。房价的不确定在 10% 的置信水平下对居民的消费有积极的促进作用，但房价的不确定对居民预期的消费没有影响。这说明房价的不确定越大，越促进居民当期的购房消费，这与近些年来房价一直快速增长且居高不下有直接的关系，导致房价越高，居民就越抓紧时间买房。

表 8 - 7　贷款、房价和股票收益的不确定对居民消费的影响

变量	因变量（expen）		
	贷款不确定 （2002 年第一季度 ~ 2016 年第四季度）	房价不确定 （2005 年第一季度 ~ 2016 年第四季度）	股票收益不确定 （2002 年第一季度 ~ 2016 年第四季度）
C	0.3287 * （1.1081）		0.4441 （1.58.1）
incom	0.6910 *** （4.9669）	0.8281 *** （15.8729）	0.6660 *** （5.0174）
Unc	- 0.4003 （- 0.2175）	8.1696 * （1.7754）	1.2637 （0.9098）
Unc（-1）	- 1.6432 （- 0.9043）		- 0.9764 （- 0.6979）
expen（-1）	- 0.6691 *** （- 4.8953）	- 0.6356 *** （- 4.2237）	- 0.6724 *** （- 5.0622）
expen（-2）	- 0.3046 ** （0.0357）	- 0.2662 * （- 1.7549）	- 0.3677 *** （- 2.7582）
R^2	0.5034	0.5015	0.5276
DW	2.0526	2.0813	1.9221

注：*** 、** 、* 分别表示在 1%、5%、10% 的水平下显著。

第五节　本章小结

不确定是经济社会中的常态，对居民的消费决策有重要的影响，而对不确定的测度方法也各有所长，尚无统一标准。鉴于此，本书基于不确定主要是居民心理主观判断的结果，采用心理指标 BSI、CSI 以及可以反映个体差异与以往经验的 GARCH 模型来估算居民所面临的不确定，采用这三种计算不确定的方法与其他指标相比，更能反映不确定的主观特性，与现实更为符合，并且这三类指标估算的不确定结果都比较近似，基本上更为真实地反映了居民所面临的不确定。进一步地我们又分析了不确定与居民

消费的相关性，最后又通过计量模型检验分析了不确定与消费的关系。得到如下结论。

（1）根据相关性分析，收入的不确定与当期消费的正相关性比较大，用 BSI、CSI 和 GARCH 模型估算的收入不确定与消费的相关系数分别为 0.122、0.107 和 0.164，显然收入不确定对当期消费起了积极的促进作用。

（2）资产价格不确定与消费的相关性分析中，发现贷款规模的不确定与近期消费正相关，与远期消费负相关；房价不确定与居民当期消费的相关性较弱，与未来几期的消费都呈负相关；股票收益的不确定与居民消费的相关性较弱，与预期消费的相关性不是很稳定。

（3）根据不确定与消费的回归分析结果可知，收入对消费的影响是非常显著的，收入不确定的当期与滞后一期对消费都有显著的影响；贷款和股票收益的不确定对消费的影响都不显著；房价的不确定对消费的影响在 10% 的置信水平下有显著的促进作用。

总的来看，要扩大内需消费促进经济增长，最主要的不仅要提高城镇居民的收入，还要考虑提高更多农村居民的收入；其次目前房价的高涨已经严重抑制了居民的消费，适当的调整房价可能会利于促进消费；另外从资产价格理论上来说对居民消费的影响是比较大的，但是我国目前所处的改革转型期，其作用可能还没有显现出来，未来随着各项制度、市场等的完善，可能会对居民的消费产生显著的影响，因此在制定政策时还是要综合考虑。如何利用居民对收入和资产价格的不确定进行预期，来调整自身的消费行为与习惯，这将是我们继续研究的新课题，同时也提出了一种解决目前消费问题的新思路。

结　论

改革开放以来，我国经济的快速发展以及城乡二元经济结构发展模式持续存在，致使我国居民收入分配的不平等趋势日益加剧，目前，研究我国居民收入分配的问题成了我国经济学界研究的热点。由于我国居民收入分配问题的复杂性，虽然从理论和实证研究方面都已出现了不少的成果，为我国收入分配问题的解决提出了一些理论和经验性的证据，但是仅靠这些成果还未能很好地解决我国目前的收入分配不平等问题，还需进一步从各个视角进行深入的研究，以便提出更有效的适合我国居民收入分配的对策和措施。

本书在借鉴国内外研究成果的基础上，结合我国经济发展和收入分配的实际情况，对我国居民收入分配和再分配的状况进行了实证研究，尝试为解决我国目前的收入分配问题提供有效的经验支持，进一步为政府的收入分配政策提供合理有效的对策建议，本书的主要研究结论如下。

（1）基于社会核算矩阵的收入分配和再分配的乘数分析方法，对我国居民的收入分配和再分配的结构进行了分析，得出当外生部门注入时，农林牧渔业对各阶层居民部门产生的波及总效应最大，且对农村低收入阶层产生的波及效应均大于城市的高收入阶层，因此可以考虑优先发展，这样不仅可以提高各阶层居民的收入，也可以缩小居民之间的收入分配差距。另外，政府的主管部门较多的其他服务业对居民总收入的波及影响也很大，但是该行业对低收入阶层（农村居民）的波及效应较小，而对城市高阶层居民的波及效应比较大，因此在我国目前的现实收入分配和再分配的结构下有扩大居民之间收入分配差距的可能。要解决目前的收入分配不公的问题仅靠市场经济自身的调节是不可能的，应该通过政府的其他特殊政策来实现。

（2）我国居民收入分配不公已是不争的事实，但是否已经出现明显的两极分化还存在一些争议，我们根据我国已有的居民收入分配数据，利用EGR指数测算了我国收入的两极分化，从定量研究方面分析了我国可支配收入和要素收入两极分化的特点，并与其他国家进行了对比分析。结果我们认为：在分析期内我国居民收入分配两极分化的增长速度远大于其收入不平等的增长速度，如极化指数增长了41.22%，而基尼系数增长了23.11%；另外，与其他国家相比，我国的两极分化程度相对比较平稳，处于较低的水平，但是收入不平等增长较快，处于国际较高的水平。因此，政府在政策实施方面也应该多向收入公平方面倾斜。显然除了调节居民的劳动和经营性等主要收入外，我们还可以深入研究非劳动收入（转移性收入、财产性收入）在减少两极分化中的调节功能。

（3）我们利用我国2007年的社会核算矩阵的数据，根据构建的可计算一般均衡模型，模拟分析了我国间接税的调整对城乡居民收入分配的影响。通过模拟结果分析我们可以看出：间接税税率的降低使农村各阶层居民的要素收入（劳动力和资本）和总收入（要素收入、机构转移收入等）都得到不同程度的提高，其中总收入提高最多的是中等收入阶层，最少的是低收入阶层，说明间接税税率的降低，有利于提高农村中等收入阶层居民的总收入，但不能较大幅度地提高农村低收入阶层的总收入。间接税税率降低使城市各阶层居民的收入也有不同程度的提高，收入提高最多的是中低收入阶层，最少的是最高收入阶层，这说明间接税税率的降低有利于提高城市中低收入阶层居民的总收入，但使最高收入阶层居民的总收入提高较少。

总的来看，间接税税率的降低使农村劳动力收入提高的比例要大于专业技术人员的劳动收入比例，而且农村各阶层的总收入提高的比例也都大于城市各阶层总收入提高的比例，说明农村各阶层负担的间接税的比率要大于城市各阶层，间接税税率的降低将有利于农村各阶层总收入的增加。间接税税率的降低，在一定程度上有利于减少农村各阶层的负担，提高其总收入，缩小城乡各阶层居民的收入分配差距，减弱其两极分化的趋势，有助于解决我国收入分配不公的问题，促进社会更加和谐。

（4）我们根据GE指数及其分解方法，从区域分解和收入来源两个角度实证分析了我国居民的转移性收入对居民收入分配差距的影响。从区域分解的角度我们可以看出，转移性收入对农村区域内部和城镇区域内部的居民收入分配差距起到一定的调节作用，但是明显扩大了城乡居民之间的收入分配差距。这与政府的再分配政策倾向于城镇居民有关，导致区域间、城乡间居民收入分配差距的扩大。另外，城镇和农村居民的转移性收入对其收入不平等都有较大的贡献且逐年增加，如农村居民转移性收入对收入不平等的平均贡献为 6.90%，而城镇居民的平均贡献为 24.68%，城镇居民得到的转移性收入远远高于农村居民，这也导致城乡居民收入分配差距进一步扩大。由以上分析可知，我国在以后的发展过程中，为了达到缩小收入分配差距的目的，政府应逐步消除城乡分割的收入再分配制度，建立城乡一体化的社会保障体系，另外政府还要加大转移支付的力度，尤其是对经济不发达地区应特殊对待，建立区域之间的社会保障体系，以期达到全国收入再分配的公平性。

（5）通过对我国政府公共财政支出对居民收入分配的影响研究，我们发现近年来我国政府的公共财政支出增长速度超过了 GDP 的增长速度，公共财政支出的增加却伴随着居民收入分配差距的扩大，其中财政支出中公平支出处于增长趋势，但是其公平支出并没有缩小居民收入分配的差距；我国公共财政支出的增长率与居民收入分配的基尼系数经过协整检验存在长期的均衡关系，且两者之间互为因果关系。另外城乡人均公共财政支出差距的缩小，却伴随着城乡居民收入分配差距的扩大，且城乡人均公共财政支出与城乡居民收入分配差距是互为因果关系的。基于以上各种分析可以知晓我国的公共财政支出不但没有起到缩小居民收入分配差距的作用，反而有可能使其差距扩大，因此我们进一步要研究的问题是采取何种措施，可以使我国政府的公共财政支出能起到收入公平性再分配的职能。

（6）根据收入不确定的测度及其与消费关系的实证研究发现，收入及其不确定对消费的影响都是非常显著的，而收入分配的不公会更加直接且严重地影响低收入群体的消费。鉴于我国低收入群体所占比例较大，故可能会进一步影响我国经济的持续稳定发展。因此，从消费的角度来考虑解决收入分配的公平性问题则是一种新的思路。

本书的研究成果为科学地理解、制定和实施我国居民的收入分配政策，在确保经济发展和提高居民收入分配的基础上，更好地调节居民的收入分配，缩小居民收入的不平等程度，提供了有力的理论支持和经验证据。

附　录

附录 1　SAM 表中生产活动部门 j 对居民部门 i 的分配和再分配矩阵

附录 1－1　SAM 表中生产活动部门对居民部门门的乘数矩阵（M_{na}）

	com1	com2	com3	com4	com5	com6	com7	com8	com9	com10	com11	com12	com13	com14	com15	com16	com17	平均值
1 阶层	0.019	0.001	−0.008	−0.002	−0.001	0.000	0.000	0.001	0.001	0.001	0.001	0.001	0.002	0.002	0.002	0.002	0.001	0.001
2 阶层	0.059	0.002	−0.024	−0.006	−0.003	0.000	0.000	0.002	0.002	0.002	0.001	0.002	0.005	0.005	0.006	0.005	0.002	0.004
3 阶层	0.083	0.003	−0.034	−0.008	−0.004	0.000	0.001	0.003	0.002	0.002	0.002	0.003	0.007	0.007	0.008	0.008	0.005	0.005
4 阶层	0.116	0.004	−0.047	−0.011	−0.005	0.001	0.001	0.005	0.003	0.003	0.002	0.004	0.009	0.010	0.011	0.011	0.006	0.008
5 阶层	0.189	0.007	−0.077	−0.018	−0.009	0.001	0.001	0.008	0.005	0.005	0.004	0.006	0.014	0.016	0.017	0.024	0.014	0.012
6 阶层	0.000	0.004	0.002	0.003	0.003	−0.001	0.002	0.002	0.001	0.002	0.002	0.002	0.003	0.003	0.005	0.002	0.009	0.003
7 阶层	0.000	0.006	0.004	0.005	0.004	−0.001	0.002	0.003	0.002	0.003	0.004	0.003	0.005	0.005	0.008	0.003	0.013	0.004
8 阶层	0.001	0.015	0.010	0.014	0.010	−0.003	0.007	0.008	0.005	0.007	0.009	0.007	0.012	0.012	0.022	0.008	0.035	0.010
9 阶层	0.001	0.019	0.013	0.018	0.013	−0.004	0.008	0.010	0.006	0.009	0.010	0.008	0.015	0.016	0.028	0.008	0.046	0.013
10 阶层	0.001	0.025	0.017	0.023	0.017	−0.005	0.011	0.013	0.008	0.012	0.016	0.011	0.019	0.021	0.036	0.010	0.058	0.017
11 阶层	0.001	0.016	0.011	0.015	0.011	−0.033	0.007	0.008	0.005	0.008	0.010	0.007	0.012	0.013	0.023	0.006	0.038	0.011
12 阶层	0.001	0.024	0.016	0.023	0.017	−0.005	0.011	0.013	0.008	0.012	0.015	0.011	0.019	0.020	0.035	0.017	0.060	0.017
总效应	0.471	0.126	−0.117	0.056	0.053	−0.02	0.051	0.076	0.048	0.066	0.078	0.065	0.122	0.130	0.201	0.104	0.295	

附录 1-2 SAM 表中生产活动部门对居民部门的收入再分配矩阵$[(e'Y_n)R_{nn}]$

	com1	com2	com3	com4	com5	com6	com7	com8	com9	com10	com11	com12	com13	com14	com15	com16	com17	平均值
1 阶层	0.018	0.000	-0.009	-0.004	-0.002	-0.001	-0.002	0.000	-0.001	-0.001	-0.001	0.000	0.001	0.001	0.001	0.002	0.001	0.000
2 阶层	0.057	0.000	-0.026	-0.010	-0.005	-0.002	-0.004	0.000	-0.002	-0.002	-0.002	0.001	0.003	0.003	0.003	0.006	0.003	0.001
3 阶层	0.080	0.000	-0.037	-0.014	-0.008	-0.002	-0.005	0.001	-0.003	-0.003	-0.004	0.001	0.003	0.005	0.005	0.008	0.004	0.002
4 阶层	0.000	0.000	-0.052	-0.019	-0.011	-0.003	-0.007	0.001	-0.004	-0.004	-0.005	0.001	0.004	0.006	0.006	0.011	0.005	0.002
5 阶层	0.182	-0.001	-0.085	-0.031	-0.018	-0.005	-0.012	0.001	-0.006	-0.006	-0.008	0.002	0.007	0.010	0.009	0.017	0.008	0.004
6 阶层	-0.001	0.002	0.001	0.001	0.001	-0.002	-0.001	0.001	-0.001	-0.001	0.000	0.001	0.001	0.002	0.004	0.000	0.007	0.001
7 阶层	-0.002	0.004	0.002	0.002	0.002	-0.003	-0.001	0.001	-0.001	0.000	0.001	0.001	0.003	0.003	0.006	0.000	0.012	0.002
8 阶层	-0.006	0.008	0.002	0.001	0.002	-0.009	-0.006	0.001	-0.006	-0.004	-0.002	0.003	0.005	0.006	0.014	-0.001	0.030	0.002
9 阶层	-0.008	0.010	0.003	0.001	0.002	-0.012	-0.008	0.002	-0.009	-0.006	-0.003	0.003	0.006	0.008	0.018	-0.001	0.038	0.003
10 阶层	-0.011	0.012	0.003	0.000	0.002	-0.015	-0.012	0.002	-0.012	-0.009	-0.005	0.004	0.007	0.010	0.022	-0.002	0.049	0.003
11 阶层	-0.007	0.007	0.002	0.000	0.001	-0.010	-0.008	0.001	-0.008	-0.006	-0.004	0.002	0.004	0.006	0.014	-0.002	0.031	0.001
12 阶层	-0.012	0.010	0.001	-0.003	0.000	-0.017	-0.015	0.000	-0.015	-0.011	-0.008	0.003	0.005	0.008	0.020	-0.005	0.049	0.001
总效应	0.401	0.052	-0.195	-0.076	-0.034	-0.081	-0.081	0.011	-0.068	-0.053	-0.041	0.022	0.049	0.068	0.122	0.033	0.237	

附录2　居民部门的分配和再分配矩阵

附录2-1　SAM表中居民部门之间的乘数矩阵（M_{nn}）

	1阶层	2阶层	3阶层	4阶层	5阶层	6阶层	7阶层	8阶层	9阶层	10阶层	11阶层	12阶层	平均值
1阶层	0.997	-0.002	-0.002	-0.002	-0.002	-0.001	-0.001	-0.001	-0.001	-0.001	-0.001	0.000	0.082
2阶层	-0.011	0.993	-0.006	-0.005	-0.005	-0.003	-0.002	-0.002	-0.002	-0.002	-0.001	-0.001	0.079
3阶层	-0.015	-0.010	0.992	-0.007	-0.007	-0.004	-0.002	-0.002	-0.002	-0.002	-0.002	-0.002	0.078
4阶层	-0.020	-0.014	-0.012	0.990	-0.009	-0.006	-0.003	-0.004	-0.003	-0.003	-0.003	-0.002	0.076
5阶层	-0.033	-0.023	-0.019	-0.016	0.985	-0.009	-0.005	-0.006	-0.005	-0.004	-0.004	-0.003	0.072
6阶层	-0.003	-0.002	-0.001	-0.001	-0.001	0.997	-0.001	-0.002	-0.001	-0.001	-0.001	-0.001	0.082
7阶层	-0.004	-0.003	-0.002	-0.001	-0.001	-0.005	0.998	-0.003	-0.002	-0.002	-0.002	-0.001	0.081
8阶层	-0.011	-0.007	-0.005	-0.004	-0.003	-0.012	-0.006	0.993	-0.006	-0.004	-0.004	-0.003	0.077
9阶层	-0.014	-0.009	-0.007	-0.005	-0.003	-0.015	-0.007	-0.009	0.993	-0.006	-0.005	-0.003	0.076
10阶层	-0.018	-0.012	-0.009	-0.006	-0.004	-0.020	-0.009	-0.011	-0.009	0.993	-0.006	-0.004	0.074
11阶层	-0.012	-0.008	-0.006	-0.004	-0.003	-0.013	-0.006	-0.007	-0.006	-0.005	0.996	-0.003	0.077
12阶层	-0.018	-0.012	-0.009	-0.006	-0.004	-0.020	-0.009	-0.011	-0.009	-0.007	-0.007	0.995	0.074
总效应	0.838	0.891	0.914	0.933	0.943	0.889	0.947	0.934	0.947	0.956	0.960	0.972	

附录2-2 SAM表中居民部门-生产活动部门之间的乘数矩阵（M_{nn}）

	1阶层	2阶层	3阶层	4阶层	5阶层	6阶层	7阶层	8阶层	9阶层	10阶层	11阶层	12阶层	平均值
com1	-0.148	-0.102	-0.087	-0.074	-0.070	0.002	0.001	0.002	0.002	0.002	0.002	0.002	-0.039
com2	-0.005	-0.003	-0.003	-0.002	-0.002	0.001	0.001	0.001	0.001	0.001	0.001	0.001	-0.001
com3	-0.167	-0.116	-0.100	-0.087	-0.082	-0.159	-0.086	-0.116	-0.105	-0.095	-0.092	-0.082	-0.107
com4	-0.069	-0.048	-0.041	-0.036	-0.035	-0.092	-0.050	-0.067	-0.062	-0.056	-0.054	-0.048	-0.055
com5	0.014	0.009	0.007	0.005	0.004	0.012	0.006	0.007	0.006	0.005	0.004	0.003	0.007
com6	0.005	0.004	0.003	0.002	0.002	0.001	0.001	0.001	0.000	0.000	0.000	0.000	0.002
com7	0.021	0.014	0.010	0.008	0.005	0.018	0.008	0.010	0.008	0.006	0.005	0.003	0.010
com8	0.000	0.000	0.000	0.000	0.000	0.002	0.001	0.001	0.001	0.001	0.001	0.001	0.001
com9	0.011	0.008	0.007	0.006	0.006	0.016	0.009	0.012	0.011	0.010	0.010	0.009	0.010
com10	-0.051	-0.036	-0.033	-0.030	-0.030	-0.072	-0.040	-0.055	-0.051	-0.047	-0.045	-0.041	-0.044
com11	-0.020	-0.014	-0.012	-0.011	-0.011	-0.030	-0.016	-0.022	-0.020	-0.018	-0.018	-0.016	-0.017
com12	0.003	0.002	0.002	0.001	0.001	-0.009	-0.005	-0.007	-0.006	-0.006	-0.005	-0.005	-0.003
com13	-0.023	-0.016	-0.013	-0.011	-0.010	-0.030	-0.016	-0.021	-0.019	-0.017	-0.016	-0.014	-0.017
com14	-0.109	-0.076	-0.066	-0.058	-0.055	-0.103	-0.056	-0.076	-0.070	-0.063	-0.061	-0.055	-0.071
com15	-0.014	-0.009	-0.008	-0.007	-0.007	-0.030	-0.016	-0.022	-0.020	-0.018	-0.017	-0.016	-0.015
com16	-0.077	-0.053	-0.046	-0.040	-0.038	-0.062	-0.033	-0.045	-0.041	-0.037	-0.035	-0.032	-0.045
com17	-0.124	-0.081	-0.056	-0.036	-0.020	-0.158	-0.074	-0.088	-0.071	-0.054	-0.049	-0.033	-0.070
总效应	-0.753	-0.517	-0.436	-0.370	-0.342	-0.693	-0.365	-0.485	-0.436	-0.386	-0.369	-0.323	

附录 2 - 3　SAM 表中居民部门之间的再分配矩阵 [(e′Y_n) R_nn]

	1阶层	2阶层	3阶层	4阶层	5阶层	6阶层	7阶层	8阶层	9阶层	10阶层	11阶层	12阶层	平均值
1阶层	0.996	-0.003	-0.003	-0.003	-0.003	-0.002	-0.002	-0.002	-0.001	-0.001	-0.001	-0.001	0.081
2阶层	-0.012	0.991	-0.008	-0.007	-0.007	-0.004	-0.004	-0.004	-0.004	-0.004	-0.004	-0.003	0.078
3阶层	-0.016	-0.013	0.989	-0.010	-0.010	-0.006	-0.006	-0.005	-0.005	-0.005	-0.005	-0.005	0.075
4阶层	-0.023	-0.018	-0.016	0.986	-0.013	-0.008	-0.007	-0.007	-0.007	-0.007	-0.007	-0.006	0.072
5阶层	-0.037	-0.029	-0.026	-0.023	0.978	-0.014	-0.012	-0.012	-0.012	-0.011	-0.011	-0.011	0.065
6阶层	-0.004	-0.003	-0.003	-0.003	-0.002	0.996	-0.003	-0.003	-0.003	-0.003	-0.002	-0.002	0.080
7阶层	-0.005	-0.004	-0.004	-0.003	-0.003	-0.006	0.996	-0.004	-0.004	-0.003	-0.003	-0.003	0.080
8阶层	-0.015	-0.013	-0.012	-0.011	-0.010	-0.016	-0.013	0.988	-0.012	-0.011	-0.011	-0.010	0.071
9阶层	-0.019	-0.017	-0.016	-0.014	-0.013	-0.021	-0.017	-0.016	0.985	-0.014	-0.014	-0.013	0.068
10阶层	-0.025	-0.023	-0.021	-0.019	-0.017	-0.027	-0.022	-0.021	-0.020	0.981	-0.018	-0.017	0.063
11阶层	-0.016	-0.015	-0.013	-0.012	-0.011	-0.018	-0.015	-0.014	-0.013	-0.012	0.988	-0.011	0.070
12阶层	-0.026	-0.024	-0.022	-0.020	-0.019	-0.028	-0.024	-0.023	-0.022	-0.020	-0.020	0.981	0.061
总效应	0.798	0.829	0.845	0.861	0.870	0.846	0.871	0.877	0.882	0.890	0.892	0.899	

附录2-4 SAM表中居民部门-生产活动部门之间的再分配矩阵$[(e'Y_n)R_{nn}]$

	1阶层	2阶层	3阶层	4阶层	5阶层	6阶层	7阶层	8阶层	9阶层	10阶层	11阶层	12阶层	平均值
com1	-0.159	-0.120	-0.106	-0.095	-0.091	-0.010	-0.021	-0.015	-0.017	-0.018	-0.018	-0.019	-0.057
com2	-0.014	-0.018	-0.018	-0.019	-0.019	-0.008	-0.016	-0.012	-0.013	-0.014	-0.015	-0.015	-0.015
com3	-0.177	-0.132	-0.117	-0.105	-0.101	-0.170	-0.105	-0.130	-0.121	-0.112	-0.109	-0.100	-0.123
com4	-0.079	-0.064	-0.059	-0.055	-0.053	-0.103	-0.069	-0.083	-0.078	-0.073	-0.071	-0.067	-0.071
com5	0.008	-0.001	-0.004	-0.006	-0.008	0.005	-0.006	-0.002	-0.004	-0.006	-0.007	-0.008	-0.003
com6	0.000	-0.005	-0.006	-0.007	-0.008	-0.005	-0.010	-0.007	-0.008	-0.009	-0.009	-0.010	-0.007
com7	0.006	-0.011	-0.017	-0.022	-0.025	0.000	-0.023	-0.015	-0.018	-0.022	-0.023	-0.027	-0.016
com8	-0.005	-0.008	-0.009	-0.010	-0.010	-0.004	-0.009	-0.007	-0.007	-0.008	-0.008	-0.009	-0.008
com9	-0.008	-0.023	-0.026	-0.030	-0.030	-0.005	-0.028	-0.017	-0.020	-0.023	-0.024	-0.027	-0.022
com10	-0.093	-0.104	-0.106	-0.109	-0.109	-0.118	-0.122	-0.119	-0.119	-0.120	-0.120	-0.120	-0.113
com11	-0.028	-0.026	-0.026	-0.025	-0.025	-0.038	-0.031	-0.034	-0.033	-0.032	-0.031	-0.031	-0.030
com12	-0.011	-0.020	-0.023	-0.025	-0.026	-0.024	-0.032	-0.028	-0.029	-0.030	-0.030	-0.031	-0.026
com13	-0.032	-0.031	-0.030	-0.029	-0.029	-0.041	-0.035	-0.036	-0.035	-0.034	-0.034	-0.032	-0.033
com14	-0.119	-0.092	-0.083	-0.076	-0.074	-0.114	-0.075	-0.091	-0.086	-0.080	-0.079	-0.073	-0.087
com15	-0.018	-0.017	-0.016	-0.016	-0.016	-0.035	-0.025	-0.029	-0.027	-0.026	-0.025	-0.024	-0.023
com16	-0.084	-0.064	-0.057	-0.052	-0.050	-0.069	-0.046	-0.055	-0.051	-0.048	-0.047	-0.044	-0.056
com17	-0.137	-0.103	-0.080	-0.062	-0.046	-0.173	-0.101	-0.108	-0.093	-0.078	-0.073	-0.058	-0.093
总效应	-0.950	-0.839	-0.783	-0.743	-0.720	-0.912	-0.754	-0.788	-0.759	-0.733	-0.723	-0.695	

参考文献

中文图书文献：

[1] 陈宗胜、周云波：《再论经济与发展中的收入分配》，经济科学出版社，2002。

[2] 丛树海：《公共支出分析》，上海财经大学出版社，1999。

[3] 〔美〕多恩布什、费希尔、斯塔兹：《宏观经济学》，中国人民大学出版社，1997。

[4] 樊纲、王小鲁：《收入分配与公共政策》，上海远东出版社，2005。

[5] 高鸿业：《西方经济学》，中国人民大学出版社，1999。

[6] 高铁梅、王金明、吴桂珍等：《计量经济分析方法与建模——EViews应用及实例》，清华大学出版社，2005。

[7] 高铁梅主编《经济计量分析方法与建模》，清华大学出版社，2006。

[8] 〔英〕凯恩斯：《就业、利息和货币通论》，商务印书馆，1981。

[9] 〔英〕李嘉图：《政治经济学及赋税原理》，商务印书馆，1976。

[10] 林毅夫：《中国的地区不平等与劳动力转移》，载蔡昉等主编《中国转型时期劳动力流动》，社会科学文献出版社，2006。

[11] 《马克思恩格斯全集》，人民出版社，1979。

[12] 《马克思恩格斯选集》第三卷，人民出版社，1995。

[13] 〔英〕马歇尔：《经济学原理》，商务印书馆，1983。

[14] 〔美〕诺斯：《制度、制度变迁和经济绩效》，上海三联书店，1994。

[15] 〔美〕诺斯：《经济史中的结构与变迁》，上海三联书店，1991。

[16] 漆光瑛、蔡中兴：《外国经济学说史新编》，上海财经大学出版社，2003。

[17] 钱晟：《必须建立税收综合调节体系缓和个人收入分配不公》，北京经济科学出版社，2000。

[18] 〔英〕威廉·配第：《赋税论》，商务印书馆，1978。

[19] 〔英〕亚当·斯密：《国民财富的性质和原因的研究》，商务印书馆,1983。

[20] 阎坤、王进杰：《公共支出理论前沿》，中国人民大学出版社，2004。

[21] 杨天宇：《收入分配与有效需求》，经济科学出版社，2000。

[22] 曾伏秋：《收入分配研究》，国防科技大学出版社，2004。

[23] 赵人伟、李实：《中国居民收入分配再研究》，中国财政经济出版社，1999。

[24] 赵人伟、李实、〔美〕卡尔·李思勤主编《中国居民收入分配再研究》，中国财政经济出版社，1999。

[25] 郑玉歆、樊明太：《中国 CGE 模型及政策分析》，社会科学文献出版社，1999。

[26] 中国经济改革研究基金会、中国经济体制改革研究会联合专家组：《收入分配与公共政策》，上海远东出版社，2005。

[27] 《资本论》，人民出版社，2004。

中文期刊文献：

[28] 安体富、任强：《税收在收入分配中的功能与机制研究》，《税务研究》2007 年第 10 期。

[29] 白雪梅：《教育与收入不平等：中国的经验研究》，《管理世界》2004 年第 6 期。

[30] 财政部科研所课题组：《我国居民收入分配状况及财税调节政策》，《税务研究》2003 年第 10 期。

[31] 蔡昉：《农村剩余劳动力流动的制度性障碍分析——解释流动与差距同时扩大的悖论》，《经济学动态》2005 年第 1 期。

[32] 蔡昉、王美艳：《为什么劳动力流动没有缩小城乡收入分配差距》，《经济学动态》2009 年第 8 期。

[33] 蔡红英、朱延松、魏涛：《税收对国民收入分配的调控问题研究》，《税务研究》2009 年第 12 期。

[34] 蔡跃洲：《财政再分配失灵与财政制度安排——基于不同分配环节的

实证分析》，《财经研究》2010 年第 1 期。

[35] 陈静敏、陆铭、陈钊：《劳动力短缺时代有没有到来》，《经济学动态》2008 年第 4 期。

[36] 陈伟国、樊士德：《金融发展与城乡收入分配的"库兹涅茨效应"研究》，《经济经纬》2009 年第 1 期。

[37] 陈志刚、师文明：《金融发展、人力资本和城乡收入分配差距》，《中南民族大学学报》（人文社会科学版）2008 年第 2 期。

[38] 陈志刚、王皖君：《金融发展与中国的收入分配：1986—2005》，《财贸经济》2009 年第 5 期。

[39] 成邦文：《基于对数正态分布的洛伦兹曲线与基尼系数》，《数量经济技术经济研究》2005 年第 2 期。

[40] 戴枫：《贸易自由化与收入不平等——基于中国的经验研究》，《世界经济研究》2005 年第 10 期。

[41] 杜鹏：《转移性收入对收入分配差距的影响——以东北地区城镇居民为例》，《中国软科学》2004 年第 10 期。

[42] 冯虹、王晶：《人口流动与迁移对城市收入分配的影响》，《北京交通大学学报》（社会科学版）2005 年第 3 期。

[43] 谷成：《基于收入分配的税收政策选择》，《社会科学战线》2010 年第 11 期。

[44] 郭剑雄：《人力资本、生育率与城乡收入分配差距的收敛》，《中国社会科学》2005 年第 3 期。

[45] 何翠香、晏冰、方行明：《住房及房价波动对家庭消费影响的再估计——基于条件分位数回归方法》，《贵州财经大学学报》2017 年第 3 期。

[46] 何璋、覃东海：《开放程度与收入分配不平等问题》，《世界经济研究》2003 年第 2 期。

[47] 贺秋硕：《劳动力流动与收入收敛——一个改进的新古典增长模型及对中国的启示》，《财经研究》2005 年第 10 期。

[48] 贺蕊莉：《财政分配调节贫富差距的局限性分析》，《财政研究》2005 年第 7 期。

[49] 洪兴建、李金昌：《两极分化测度方法述评与中国居民收入两极分

化》,《经济研究》2007 年第 11 期。

[50] 胡鞍钢:《加强对高收入者个人所得税征收调节居民贫富收入分配差距》,《财政研究》2002 年第 10 期。

[51] 胡超:《对外贸易与收入不平等——基于我国的经验研究》,《国际贸易问题》2008 年第 3 期。

[52] 胡汉军、刘穷志:《我国财政政策对于城乡居民收入不公平的再分配效应研究》,《中国软科学》2009 年第 9 期。

[53] 胡浩志:《城镇各阶层收入分配公平性的影响因素——基于 PLS 的分析》,《当代财经》2008 年第 8 期。

[54] 胡日东、王卓:《收入分配差距、消费需求与转移支付的实证研究》,《数量经济技术经济研究》2002 年第 4 期。

[55] 胡昭玲:《经济全球化与收入不平等》,《经济学家》2004 年第 4 期。

[56] 黄祖辉、王敏、万广华:《我国居民收入不平等问题:基于转移性收入角度的分析》,《管理世界》2003 年第 3 期。

[57] 霍军:《收入分配差别与税收分配调节》,《税务研究》2002 年第 6 期。

[58] 贾康:《论居民收入分配——基于政策理性的分类分层调节》,《财政研究》2008 年第 2 期。

[59] 贾小玫、周瑛:《对缩小城乡收入分配差距的思考》,《财经科学》2006 年第 4 期。

[60] 姜玮:《当前我国居民收入分配差距的现状、特点及原因研究》,《江西社会科学》2010 年第 10 期。

[61] 蒋晓蕙、张京萍:《论税收制度对收入分配调节的效应》,《税务研究》2006 年第 9 期。

[62] 金艳明、雷明:《居民收入和部门产出变化的研究——基于中国社会核算矩阵的乘数分析应用》,《南方经济》2006 年第 6 期。

[63] 寇铁军、金双华:《财政支出规模、结构与社会公平关系的研究》,《上海财经大学学报》2002 年第 12 期。

[64] 赖德胜:《教育、劳动力市场与收入分配》,《经济研究》1998 年第 5 期。

[65] 郎永清:《农村劳动力转移与城乡收入分配差距》,《山西财经大学学

报》2007 年第 9 期。

［66］李慧材：《我国农村居民收入分配差距问题探析》，《农业经济》
2007 年第 9 期。

［67］李吉雄：《我国财政对居民收入再分配的绩效分析——基于贫困度和
基尼系数的测度》，《经济问题》2010 年第 12 期。

［68］李克强、刘海龙、周亚、李杨映雪：《税率对收入分配差异的影响分
析》，《北京师范大学学报》（自然科学版）2006 年第 3 期。

［69］李绍荣、耿莹：《中国的税收结构、经济增长与收入分配》，《经济研
究》2005 年第 5 期。

［70］李实：《中国个人收入分配研究回顾与展望》，《经济学》（季刊）
2003 年第 2 期。

［71］李实：《中国农村劳动力流动与收入增长和分配》，《中国社会科学》
1999 年第 2 期。

［72］李实、赵人伟：《中国居民收入分配再研究》，《经济研究》1999 年
第 2 期。

［73］李伟、王少国：《我国城镇居民初次分配和再分配收入分配差距的来
源及贡献比较》，《北京市经济管理干部学院学报》2008 年第 4 期。

［74］刘晨、刘晓璐：《中国政府间转移支付制度对改善收入分配效果探
析》，《当代经济科学》2010 年第 4 期。

［75］刘纯彬、桑铁柱：《农村金融发展与农村收入分配：理论与证据》，
《上海经济研究》2010 年第 12 期。

［76］刘丁、谭琳：《人力资本存量对我国劳动者收入分层的影响》，《人口
与经济》2001 年第 4 期。

［77］刘丽坚：《论我国个人所得税的职能及下一步改革设想》，《税务研
究》2006 年第 8 期。

［78］刘丽坚、姚元：《论税收队个人收入的调节》，《税务研究》2008 年
第 9 期。

［79］刘敏楼：《金融发展的收入分配效应——基于中国地区截面数据的分
析》，《上海金融》2006 年第 1 期。

［80］刘敏楼、宗颖：《从人力资本投资看我国的城乡收入分配差距》，《南
京财经大学学报》2007 年第 6 期。

[81] 刘尚希、应亚珍：《个人所得税：如何发挥调节功能》，《税务研究》
2004 年第 3 期。

[82] 刘社建、徐艳：《城乡居民收入分配差距形成原因及对策研究》，《财
经研究》2004 年第 5 期。

[83] 刘小川、汪冲：《个人所得税公平功能的实证分析》，《税务研究》
2008 年第 1 期。

[84] 刘小勇：《中国区域间农村居民收入差异及极化研究》，《财经论丛》
2009 年第 1 期。

[85] 刘怡、聂海峰：《间接税负担对收入分配的影响分析》，《经济研究》
2004 年第 5 期。

[86] 刘用明、杨小玲：《基于乡镇企业融资视角——探讨金融发展与收入
分配的关系》，《软科学》2010 年第 11 期。

[87] 刘忠群、黄金、梁鹏勇：《金融发展对农民收入增长的影响——来自
中国面板数据的再检视》，《财贸研究》2008 年第 6 期。

[88] 龙莹：《中国中等收入群体规模动态变迁与收入两极分化：统计描述
预测算》，《财贸研究》2012 年第 2 期。

[89] 鲁晓东：《收入分配、有效要素禀赋与贸易开放度——基于中国省际面
板数据的研究》，《数量经济技术经济研究》2008 年第 4 期。

[90] 陆铭、陈钊：《城市化、城市化倾向的经济政策与城乡收入分配差
距》，《经济研究》2004 年第 6 期。

[91] 罗楚亮：《经济转轨、不确定性与城镇居民消费行为》，《经济研究》
2004 年第 4 期。

[92] 马国强、王椿元：《收入再分配与税收调节》，《税务研究》2002 年
第 3 期。

[93] 马拴友、于红霞：《转移支付地区经济收敛》，《经济研究》2003 年
第 3 期。

[94] 马晓河：《对低收入者和高收入者之间的收入不平等程度分析》，《管
理世界》2003 年第 9 期。

[95] 马忠东、张为民、梁在、崔红艳：《劳动力流动：中国农村收入增长
的新因素》，《人口研究》2004 年第 5 期。

[96] 蒲艳萍：《劳动力流动对农村居民收入分配的影响效应分析——基于

西部 289 个自然村的调查》，《财经科学》2010 年第 12 期。

［97］钱晟：《我国税收调节个人收入分配的累退倾向及其对策》，《税务研究》2001 年第 8 期。

［98］冉光和、李敬、万丽娟、温涛：《经济转轨时期财政政策对农民收入增长的影响》，《重庆大学学报》（自然科学版）2005 年第 8 期。

［99］冉光和、唐文：《财政支出结构与城乡居民收入分配差距的实证分析》，《统计与决策》2007 年第 4 期。

［100］任寿根：《建立以个人所得税为核心的税制结构》，《税务研究》2005 年第 6 期。

［101］阮宜胜：《从税收视角看我国收入分配》，《税务研究》2008 年第 7 期。

［102］阮宜胜：《从税收视角看我国收入分配差距》，《税务研究》2008 年第 7 期。

［103］沈坤荣、方文全：《中国收入分配差距与金融发展关系的实证分析》，中国第五届经济学会会议论文，2005。

［104］石文典、原献学、马进瑜：《我国城市居民消费心理预期的结构及其影响因素研究》，《心理科学》2003 年第 3 期。

［105］石柱鲜、张晓芳、黄红梅：《间接税对我国行业产出和居民收入的影响——基于 CGE 模型的分析》，《吉林大学社会科学学报》2011 年第 2 期。

［106］苏基溶、廖进中：《中国金融发展与收入分配、贫困关系的经验分析——基于动态面板数据的研究》，《财经科学》2009 年第 12 期。

［107］孙百才：《中国教育扩展与收入分配研究》，《统计研究》2005 年第 12 期。

［108］孙保营、钱津津：《当前中国社会两极分化问题的成因及对策探讨》，《中国软科学》2007 年第 11 期。

［109］孙文祥、张志超：《财政支出结构对经济增长与社会公平的影响》，《上海财经大学学报》2004 年第 12 期。

［110］孙玉栋：《论我国税收政策对居民收入分配的调节——基于主题税制的税收政策视角》，《财贸经济》2009 年第 5 期。

［111］汤贡亮、周仕雅：《从税基的视角完善个人所得税制》，《税务研

究》2007 年第 6 期。

[112] 汪建新、黄鹏：《金融发展对收入分配的影响：基于中国 29 个省区面板数据检验》，《上海经济研究》2009 年第 11 期。

[113] 王德、朱玮、叶晖：《1985～2000 年我国人口迁移对区域经济差异的均衡作用研究》，《人口与经济》2003 年第 6 期。

[114] 王德文、蔡昉：《收入转移对中国城市贫困与收入分配的影响》，《开放导报》2005 年第 6 期。

[115] 王弟海、吴菲：《持续性不平等产生和加剧的原因及其对中国的启示》，《浙江社会科学》2009 年第 4 期。

[116] 王虎、范从来：《金融发展与农民收入影响机制的研究——来自中国 1980～2004 年的经验证据》，《经济科学》2006 年第 6 期。

[117] 王剑锋：《个人所得税超额累进税率结构有效性的一个验证——以对我国职工工薪所得数据的模拟为基础》，《当代财经》2004a 年第 3 期。

[118] 王剑锋：《流转税影响个人收入分配调节的分析研究——以我国城镇居民支出结构为考察基础》，《财经研究》2004b 年第 7 期。

[119] 王克稳、徐会奇、李敬强：《基于居民心理感知的不确定测量研究》，《统计研究》2012 年第 9 期。

[120] 王少瑾：《对外开放与我国的收入不平等》，《世界经济研究》2007 年第 4 期。

[121] 王生升：《哈耶克经济自由主义理论与市场经济秩序》，博士学位论文，中国人民大学，2002。

[122] 王世杰：《公共财政支出与我国收入分配不平等的相关研究》，《山东经济》2010 年第 5 期。

[123] 王卫、张宗益、徐开龙：《劳动力迁移对收入分配的影响研究——以重庆市为例》，《人口研究》2007 年第 6 期。

[124] 王小鲁：《灰色收入与居民收入差距》，《中国税务》2007 年第 10 期。

[125] 王小鲁、樊纲：《中国地区差距的变动趋势和影响因素》，《经济研究》2004 年第 1 期。

[126] 王小鲁、樊纲：《中国收入分配差距的走势和影响因素分析》，《经

济研究》2005 年第 10 期。

[127] 王亚芬、肖晓飞、高铁梅:《我国收入分配差距及个人所得税调节作用的实证分析》,《财贸经济》2007 年第 4 期。

[128] 王云多:《教育分布对个人收入分配的影响》,《数理统计与管理》2010 年第 5 期。

[129] 王中华、梁俊伟:《中国参与国际垂直专业化分工的收入分配差距效应》,《经济评论》2008 年第 4 期。

[130] 魏巍贤、曾建武、原鹏飞:《基于社会核算矩阵的厦门市产出与居民收入乘数分析》,《统计研究》2008 年第 2 期。

[131] 温涛、冉光和、熊德平:《中国金融发展与农民收入增长》,《经济研究》2005 年第 9 期。

[132] 肖六亿:《劳动力流动与地区经济差距》,《经济体制改革》2007 年第 3 期。

[133] 谢勇:《人力资本与收入不平等的代际间传递》,《上海财经大学学报》2006 年第 2 期。

[134] 邢春冰:《迁移、自选择与收入分配——来自中国成像的证据》,《经济学》(季刊)2010 年第 2 期。

[135] 徐会奇、王克稳、李辉:《影响居民消费的不确定因素测量及其作用研究——基于中国农村省级面板数据的验证》,《经济科学》2013 年第 2 期。

[136] 徐进:《论商品税对个人收入分配的调节作用》,《当代经济研究》2006 年第 12 期。

[137] 徐水安:《贸易自由化与中国收入分配的演变》,《世界经济文汇》2003 年第 4 期。

[138] 徐水安、翟桔红:《论加入世界贸易组织对中国居民收入分配的影响》,《经济评论》2003 年第 6 期。

[139] 徐现祥、王海港:《我国初次分配中的两极分化及成因》,《经济研究》2006 年第 2 期。

[140] 杨俊、黄潇、李晓羽:《教育不平等与收入分配差距:中国的实证分析》,《管理世界》2008 年第 1 期。

[141] 杨俊、李晓羽、张宗益:《中国金融发展水平与居民收入分配的实

证分析》，《经济科学》2006 年第 2 期。

［142］杨圣明、郝梅瑞：《论我国收入分配中的两极分化问题》，《财经经济》2005 年第 12 期。

［143］杨天宇：《中国居民收入再分配过程中的"逆向转移"问题研究》，《统计研究》2009 年第 4 期。

［144］杨云彦：《劳动力流动、人力资本转移与区域政策》，《人口研究》1999 年第 5 期。

［145］姚上海：《新农村视野下中国农村劳动力城镇转移流动行为研究》，《中南民族大学学报》2008 年第 2 期。

［146］姚耀军：《金融发展与城乡收入分配差距关系的经验研究》，《财经研究》2005 年第 2 期。

［147］姚枝仲、周素芳：《劳动力流动与地区差距》，《世界经济》2003 年第 4 期。

［148］尹继东、王秀芝：《农村劳动力转移对城乡收入分配差距的影响：基于江西的实证》，《南昌大学学报》（人文社会科学版）2008 年第 2 期。

［149］尹希果、陈刚、程世骑：《中国金融发展与城乡收入分配差距关系的再检验》，《当代经济科学》2007 年第 1 期。

［150］于德弘、陆根书：《论我国高等教育扩展对收入分配公平的影响》，《教育与经济》2001 年第 1 期。

［151］于洪：《消费课税的收入分配机制及其影响分析》，《税务研究》2008 年第 7 期。

［152］俞彤晖：《中国城乡收入两极分化与区域经济增长关系研究》，《经济经纬》2016 年第 1 期。

［153］曾令华、赵晓英：《中国城镇居民消费函数分析——基于 1978—2004 年的数据》，《山西财经大学学报》2006 年第 6 期。

［154］翟立宏、徐志高：《金融发展对城乡收入分配差距的影响——基于 1978—2006 年数据的实证分析》，《经济体制改革》2009 年第 2 期。

［155］翟银燕、孙卫：《技术和国际贸易对收入与分配的影响》，《系统工程理论与实践》2004 年第 11 期。

［156］张斌：《税收制度与收入再分配》，《税务研究》2006 年第 8 期。

[157] 张富饶、马斌：《农村劳动力迁移为什么没有缩小城乡收入差距——以广东为例》，《乡镇经济》2007 年第 2 期。

[158] 张海峰：《城乡教育不平等与收入分配差距扩大——基于省级混合截面数据的实证分析》，《山西财经大学学报》2006 年第 2 期。

[159] 张立军、湛泳：《金融发展影响城乡收入分配差距的三大效应分析及其检验》，《数量经济技术经济研究》2006a 年第 12 期。

[160] 张立军、湛泳：《金融发展与降低贫困——基于中国 1994～2004 年小额信贷的分析》，《当代经济科学》2006b 年第 11 期。

[161] 张立军、湛泳：《中国农村金融发展对城乡收入分配差距的影响——基于 1978—2004 年数据的检验》，《中央财经大学学报》2006c 年第 5 期。

[162] 张立军、湛泳：《我国金融发展与城镇居民收入分配差距的关系》，《财经论丛》2005 年第 3 期。

[163] 张明喜：《转移支付与我国地区收入分配差距的收敛分析》，《财经论丛》2006 年第 5 期。

[164] 张世伟、赵亮、樊立庄：《农村劳动力流动的收入分配效应——基于吉林省农户数据的经验研究》，《吉林大学社会科学学报》2007 年第 4 期。

[165] 张陶新：《我国推进城市化改革以来城乡两极分化的演化——基于居民收入的实证分析》，《湖南工业大学学报》2009 年第 2 期。

[166] 张文春：《个人所得税与收入再分配》，《税务研究》2005 年第 11 期。

[167] 张晓芳、石柱鲜：《中国经济的收入分配和再分配结构分析——基于社会核算矩阵的视角》，《数量经济技术经济研究》2011 年第 2 期。

[168] 张志、许善达、吴敬琏、樊纲、易纲：《收入分配差距为何越拉越大？》，《小康》2006 年第 8 期。

[169] 张卓妮、吴晓刚：《农村劳动力迁移与中国工资收入不平等的地区差异：来自 2005 年全国人口抽样调查的证据》，《人口与发展》2010 年第 1 期。

[170] 章奇、刘明兴、陶然、Vincent、Yiu PorChen：《中国的金融中介增

长与城乡收入分配差距》，工作论文，北京大学中国经济研究中心（CCER），2003。

[171] 赵桂芝、马树才：《我国城镇居民收入分配差距测度分析》，《沈阳师范大学学报》（社会科学版）2007 年第 5 期。

[172] 赵红霞：《贸易对收入分配影响研究的最新进展与评论》，《商业经济与管理》2005 年第 12 期。

[173] 赵丽秋：《人力资本投资与收入不平等—教育质量不平等的影响》，《南方经济》2006 年第 4 期。

[174] 赵伟、李芬：《异质性劳动力流动与区域收入分配差距：新经济地理学模型的扩展分析》，《中国人口科学》2007 年第 1 期。

[175] 赵莹：《中国的对外开放和收入分配差距》，《世界经济文汇》2003 年第 2 期。

[176] 赵震宇、白重恩：《政府税收对中国城乡居民收入差距的影响》，《中国软科学》2007 年第 11 期。

[177] 中国税务学会课题组：《税收如何调节个人收入分配》，《税务研究》2003 年第 10 期。

[178] 钟笑寒：《城乡移民与收入不平等：基于基尼系数的理论分析》，《数量经济技术经济研究》2008 年第 8 期。

[179] 钟笑寒：《劳动力流动与工资差异》，《中国社会科学》2006 年第 1 期。

[180] 周华东、高玲玲：《房价变化与居民消费——基于中国城市面板数据的研究》，《贵州财经大学学报》2014 年第 1 期。

[181] 周绍东：《生育率与人力资本投资的逆向关系——中国城乡差距的一个解释》，《山西财经大学学报》2008 年第 4 期。

[182] 周亚、刘海龙、谢文昕、李克强：《个人所得税收入分配效应的模型分析》，《北京师范大学学报》（自然科学版）2006 年第 6 期。

[183] 朱长存、王俊祥、马敬芝：《农村劳动力转移、人力资本溢出与城乡收入分配差距》，《宁夏社会科学》2009 年第 3 期。

[184] 朱国才：《转移支付缩小中国收入分配差距的效果分析》，《财经理论与实践》2007 年第 4 期。

[185] 朱玲：《转移支付的效率与公平》，《管理世界》1997 年第 3 期。

[186] 朱信凯：《中国农户位置消费行为研究》，《统计研究》2001 年第 12 期。

[187] 朱云章：《城乡劳动力流动对收入分配差距变化的影响——机理分析与实证检验》，《华东经济管理》2010 年第 11 期。

外文期刊文献：

[188] Anthony, F. Shorrocks, "Inequality Decomposition by Pop-ulation Sub-groups," *Econometrica*, 1984, 52 (6).

[186] Anthony, F. Shorrocks, "The Class of Additively Decomposable Inequality Measures," *Econometrica*, 1980, 48 (3).

[190] Barro, R. J., "Govemment Spendingin a Simple Model of Endogenous Growth," *Journal of Politieal Eeonomy*, 2002, (98).

[191] Becker, S. Gary, "Crime and Punishment: An Economic Approach," *Journal of Political Economy*, 1968, (76).

[192] Caballero, R. J., "Consumption Puzzles and Precaulionary Savings," Journal of Monetary Economies, 1990, 25 (1).

[193] Clarke, R. G. George, Xu Lixin Colin, and Zou Heng-Fu, "Finance and Income Inequality: What Do the Data Tell Us?," *Southern Economic Journal*, 2006, 72 (3).

[194] Cohen, S. I., and Tully, J. M. C., "Growth and Equity Effects of Changing Structures in the Netherlands Simulations within a Social Accounting Matrix," *Economic Modelling*, 1991, 8 (1).

[195] Corman, Hope, Theodore Joyce, Norman Lovitch, "Crime, Deterrence, and the Business Cycle in New York City: A VAR, Approach," *The Review of Economics and Statistics*, 1987, (69).

[196] Defourny, J., Thorbecke, E., "Structural Path Analysis and Multiplier Decomposition within a Social Accounting Matrix Framework," *The Economic Journal*, 1984, 94 (373).

[197] Dervis, K., De Melo, J., Robinson, S., *General Equilibrium Models for Development Policy* (Cambridge: CambridgeUniversity Press, 1982).

[198] Devarajan, Shantayanan, Shaikh I. Hossain, "The Combined Incidence

of Taxes and Public Expenditures in the Philippines," Policy Research Working Paper No. 1543, World Bank Policy Research Department, Washington D. C. , 1995.

[199] Dilip, Mookherjee, Anthony Shorrocks, "A Decomposition Analysis of the Trend in UK Income Inequality," *The Economic Journal*, 1982, 92 (368).

[200] Duclos, J. Y. , Esteban, J. , Ray, D. , "Polarization: Concepts, Measurement, Estimation," *Econometrica*, 2004, 72 (6).

[201] Esteban, J. M. , Gradin, C. , and Ray, D. , *An Extensions of a Measure of Polarization with an Application to the Income Distribution of Five OECD Countries* (Mimeo, Instituto de Analisis Economico. 1999).

[202] Esteban, J. M. , Ray, D. , "On the Measurement of Polarization," *Econometrica*, 1994, 62 (4).

[203] Esteban, J. , Gradín, C. , Ray, D. , "An Extension of a Measure of Polarization, with an Application to the Income Distribution of Five OECD Countries," *Journal of Economic Inequality*, 2007, 5 (1).

[204] Foster, J. E. , Wolfson, M. C. , "Polarization and the Decline of the Middle Class: Canada and the U. S. ," Mimeo, Vanderbilt University, 1992.

[205] Garcia-Milà, T. , Therese J. McGuire, "Do Interregional Transfers Improved the Economic Performance of Poor Regions? The Case of Spain," Revised Draft: December, 27, 1996.

[206] Granger, C. W. J. , Engle, R. F. , "Econometric Forecasting: A Brief Survey of Current and Future Techniques," Climatic Change, 1987, 11 (1 – 2) .

[207] Gustafsson, Bjorn, Li Shi, "Income Inequality within and across Countiesin Rural China 1988 and 1995," *Journal of Development Economics*, 2002, 69 (1).

[208] Gustafsson, B. , Li, S. , *Inequality of Well-being in China at the End of the* 1980*s* (Conference Paper, 1993).

[209] Hahm, Joon-Ho, Steigerwald, D. G. , "Consumption Adjustment under

Time-varying Income Uncertainty, " *The Review of Economics and Statistics*, 1999, 81 (1).

[210] Hussain, Athar, Peter Lanjouw, Nicholas Stern, "Income Inequalities in China: Evidence from Household Survey Data," *World Development*, 1994, 22 (12).

[211] Jeremy, Greenwood, Boyan Jovanovic, "Financial Development, Growth, and the Distribution of Income," *The Journal of Political Economy*, 1990, 98 (5).

[212] Justin, Y. Lin, Gewei Wang, Yaohui Zhao, "Regional Inequality and Labor Transfers in China," *Economic Development and Cultural Change*, 2004, (3).

[213] Kanbur, R., Zhang, X., " Which Regional Inequality: Rural – urban or Coast – inland? An Application to China," Journal of Comparative Economics, 1999, 27 (4) .

[214] Knight, J., Song, L., *The Rural-Urban Divide: Economic Disparities andInteractions in China* (New York: Oxford University Press, 1999).

[215] Kuznets, "Economic Growth and Income Inequality," *American Economic Review*, 1955, 45 (1).

[216] Lee, Y., Shin, D., "Income Polarization and Crime: A Generalized Index and Evidence from Panel Data," *Social Science Electronic Publishing*, 2011, 20.

[217] Liang, Zhicheng, "Financial Development and Income Distribution: A System GMM Panel Analysis with Application to Urban China," *Journal of Economic Development*, 2006, 31 (2).

[218] Llop, M., Manresa, A., "Income Distribution in a Regional Economy: A SAM Model," *Journal of Policy Modeling*, 2004, 26 (6).

[219] Meagher, G., "A General Equilibrium Analysis of Fiscal Incidence in Austrialia," "Working Paper Prepared for Waterloo CGE Conference, 1990.

[220] Miguel, F., Perez-Mayo, J., " Linear SAM Models for Inequality Changes Analysis: An Application to the Extremadurian Economy," *Applied Economics*, 2006, 38 (20).

[221] Okun, A. M. , Summers, L. H. , " Equality and Efficiency: The Big Trade off," *American Political Science Association*, 1975, 13 (3) .

[222] Pyatt, G. , Round, J. I. , "Accounting and Fixed Price Multipliers in a Social Accounting Matrix Framework," *Econnomic Journal*, 1979, 89 (356).

[223] Pyle, J. David, Derek F. Deanman, "Crime and the Business Cycle in Post-War Britain," *British Journal of Criminology*, 1994, (34).

[224] Raiser, Martin, " Subsidising Inequality: Economic Reforms, Fiscal Transfers and Convergence across Chinese Provinces," *Journal of Development Studies*, 1998, 34 (3).

[225] Recker, S. Gary , "Crime and Punishment: An Economic Approach," *Journal of Political Economy*, 1968, (76).

[226] Roland-Holst, D. W. , "Relative Income Determination in the United States: A Social Accounting Perspective," *Review of Income and Wealth*, 1992, 38 (3).

[227] Rutherford, T. , Paltsev, S. , "From an Input-output Table to a General Equilibrium Model: Aassessing the Excess Burden of Indirect Taxes in Russina," Colordo: Working Paper of University of Colorado, 1999.

[228] Samuelson, P. , "The Pure Theoy of Public Expenditure," *The Review of Economics and Statistics*, 2000, (8).

[229] Scarth, W. , "The Limits to Rational Expectations by M. Hashem Pesaran," *Eastern Economic Journal*, 1990 (1).

[230] Shin, Donggyun, "Bipolarization of the Income Distribution after the Recent Financial Crisis: Trends, Causes, and Policy Implications," *Study of Economics*, 2007, 55 (4).

[231] Shoven, J. B. , Whalley, J. , "Applied General Equilibrium Models of Taxation International Trade: An Introduction and Survey," *Journal of Economic Literature*, 1984, 22 (3).

[232] Skinner, J. , "Risky Income Life Cycle Consumption, and Precautionary Savings," *Journal of Monetary Economics*, 1988, 22.

[233] Stone, R. , "The Disaggregating of the Household Sector in the National

Accounts," in *World Bank Conference on Social Accounting Methods in Development Planning* (Cambridge: United Kingdom. 1978).

[234] Sylvie, Demurger, Martin Fournier, Shi Li, "Urban Income Inequality in China Revisited (1988 – 2002)," *Economics Letters*, 2006, 93.

[235] Taylor, A. M., and Williamson, J. G., " Convergence in the Age of Mass Migration," NBER Working Paper 4711, 1994, (4).

[236] Wan, Guanghua, Zhou, Zhangyue, "Income Inequality in Rural China: Regression-based Decomposition Using Household Data," *Review of Development Economics*, 2005, 9, (1).

[237] Wang, Chen , Wan, Guanghua, "Income Polarization in China: Trends and Changes," *China Economic Review*, 2015, (36).

[238] Wei, Shang-Jin, Yi Wu, "Globalization and Inequality: Evidence from Within China," NBER Working Paper, 2001, 11.

[239] Whalley, J., Zhang, S., "A Numerical Simulation Analysis of Labour Mobility (Hukou) Restrictions in China," Journal of Development Economics, 2007, 83 (2).

[240] Whalley, J., Zhang, S., "Inequality Change in China and (Hukou) Labour Mobility Restrictions," NBER Working Paper No. 10683, 2004.

[241] Wolfson, M. C., "Divergent Inequalities: Theory and Empirical Results," *Review of Income and Wealth*, 1997, 43 (4).

[242] Wolfson, M. C., "When Inequalities Diverge," *American Economic Review*, Papers and Proceedings, 1994 , (84).

[243] Yao, S. J., Zhu, L. W., "Understanding Income Inequality in China: Amuti-Angle Perspective," *Economics of Planning*, 1998, 3 (2 – 3).

[244] Zhuang, Juzhong, "Estimating Distortions in the Chinese Economy: A General Equilibrium Approach," *Economica*, 1996, 63 (252).

图书在版编目（CIP）数据

中国居民收入分配问题研究／张晓芳著． —— 北京 ：
社会科学文献出版社，2018.10
（河南大学经济学学术文库）
ISBN 978 - 7 - 5201 - 2961 - 9

Ⅰ.①中… Ⅱ.①张… Ⅲ.①国民收入分配 - 研究 -
中国 Ⅳ.①F126.2

中国版本图书馆 CIP 数据核字（2018）第 141801 号

·河南大学经济学学术文库·
中国居民收入分配问题研究

著　　者／张晓芳

出 版 人／谢寿光
项目统筹／恽　薇　关少华
责任编辑／宋淑洁　王红平

出　　版／社会科学文献出版社·经济与管理分社（010）59367226
　　　　　　地址：北京市北三环中路甲 29 号院华龙大厦　邮编：100029
　　　　　　网址：www. ssap. com. cn
发　　行／市场营销中心（010）59367081　59367018
印　　装／三河市龙林印务有限公司

规　　格／开 本：787mm × 1092mm　1/16
　　　　　　印 张：11.5 字 数：187 千字
版　　次／2018 年 10 月第 1 版　2018 年 10 月第 1 次印刷
书　　号／ISBN 978 - 7 - 5201 - 2961 - 9
定　　价／79.00 元

本书如有印装质量问题，请与读者服务中心（010 - 59367028）联系